REIS OM DE DOOD

BERT KEIZER

REIS *om de* DOOD

van AS
tot ZIEL

2019 Prometheus Amsterdam

Eerste druk september 2019
Tweede druk september 2019

Omslagontwerp Robbie Smits
Illustratie omslag Louis Schiavonetti bij het gedicht 'The Grave' door Robert Blair, 1808, naar het origineel van William Blake, 1806.
Foto auteur Werry Crone
www.uitgeverijprometheus.nl
ISBN 978 90 446 4145 5

Cleopatra: What shall we do, Enobarbus?
Enobarbus: Think, and die.

Shakespeare: *Antony and Cleopatra*, Act III, Scene XIII.

Woord vooraf Er bestaan nogal wat wegen om helderheid te verkrijgen over zoiets als de dood. Je kunt proberen de essentie van de zaak te grijpen door er een sluitende definitie van te geven. Je kunt ook een omtrekkende beweging maken en een onderwerp van steeds weer andere kanten benaderen. Wie 'de dood' wil definiëren, zal daar nog een hele klus aan hebben. Want 'de dood' kan die van Socrates zijn, of die van uw moeder, of die van mijn hond, of van de buxusheg, of een pneumococ. Maar iemand kan ook zeggen dat hij niet bang is voor 'de dood'. Je kunt eruitzien als 'de dood'. Sommigen smeken om 'de dood'. Anderen gaan op de vlucht voor 'de dood'. Kogels verspreiden 'de dood'. Jezus stond op uit 'de dood'. Hopeloos zieken worden prijsgegeven aan 'de dood'. Soms moet je 'de dood' onder ogen zien. Je kunt iets doen met 'de dood' in het hart. Of als 'de dood' zijn voor een bepaalde ontwikkeling. 'De dood' kan op de deur kloppen of je huis voorbijgaan. En volgens Chateaubriand zwalken we een heel leven rond op zoek naar de veilige haven van 'de dood'.

Wij mensen gaan erg ver in wat heet 'antropomorfisme', dat wil zeggen: iets beschrijven in termen ontleend aan het mensenleven. Zo zeggen we zelfs van sterrenstelsels dat ze sterven. Maar dichter bij huis zien we ook tuinen, bromfietsen, de Kerk, neanderthalers, embryo's en boeken sterven. En we raken er nooit over uitgepraat. Want hoewel er al vele duizenden jaren gestorven wordt heeft de dood, in Ciorans woorden, 'niets van zijn frisheid verloren'.

In de navolgende bladzijden gaan we niet in verbijsterde ontzetting boven het graf hangen, al is dat wel de positie waarin wij ons bevinden. Het leven is alleen maar doenlijk voor wie de dood op armslengte weet te houden. Nog draaglijker wordt het als je er op onderhoudende wijze omheen loopt.

Zij het in steeds kleiner wordende cirkels.

Aarde Naarmate het heelal groter is geworden en de aarde kleiner, is ons verblijf hier steeds toevalliger en onbegrijpelijker.
Onze kinderen zullen nooit die huivering ervaren die ons beving toen de Apollo 8-bemanning vanaf de maan de foto 'Earthrise' naar ons toe stuurde. Die aandoenlijke blauwe lampion, daar zitten we dus. Als het toekomstige generaties niet lukt om een antwoord te vinden op de lichtsnelheid, zodat verplaatsing naar heel andere oorden mogelijk wordt, dan zullen we daar ook sterven. Schopenhauer sprak van een beschimmelde bal.
Of er op andere ballen vergelijkbare schimmels groeien? Arthur C. Clarke zei hierover:

'Sometimes I think we're alone in the Universe, and sometimes I think we're not. In either case, the idea is quite staggering.'
'Soms denk ik dat we alleen zijn in het Heelal. En soms niet. Ik vind beide mogelijkheden nogal verbijsterend.'

Abortus Cioran op twintigjarige leeftijd, ligt op de bank te niksen. Moeder zegt: 'Als ik had geweten dat je zo zou eindigen dan had ik je laten aborteren.' De gedachte dat hij er ook niet had kunnen zijn was zijn start als filosoof.

Afrikaanse dood (1) Op een dag stuurde God Zijn zoon naar de aarde om eens uit te zoeken of je daar ook kon wonen. Dus verliet de zoon de lucht en ging naar de aarde. Daar was het zo verschrikkelijk heet dat de zoon meteen de grond in dook op zoek naar koelte. Hij is nooit meer tevoorschijn gekomen. Intussen werd God ongerust en na lang talmen

stuurde hij zijn bedienden, mensen, omlaag om naar de zoon te gaan zoeken. Ze renden alle kanten op maar konden hem nergens vinden. De mensen stuurden boodschappers terug naar God om te vertellen dat hun gezoek niks had opgeleverd en om te vragen: wat moeten we nou? Talloze boodschappers zijn al naar God gestuurd, maar er is er nog nooit een teruggekomen op aarde: dat zijn de doden. Nog altijd sturen mensen boodschappers naar God, Die nog steeds geen antwoord heeft gegeven. Vandaar dat mensen niet goed weten wat ze moeten: doorgaan met zoeken of niet. God waardeert het wel dat de mensen het zoeken naar zijn zoon zo lang volhouden en heeft ze daarom regen gestuurd zodat ze planten kunnen verbouwen en wat te eten hebben.
Uit: John Mbiti, *African Religions and Philosophy* (1969).

Afrikaanse dood (2) 'Nadat God de eerste mensen had geschapen, vertelde Hij ze dat ze nooit zouden sterven. Op het laatst waren er dan ook wel erg veel, waardoor de Dood ruzie met ze ging zoeken. God zag het meteen en de Dood verborg zich snel onder de grond. Op een dag, toen God er niet was, greep de Dood een oude vrouw en sleepte haar mee de grond in. Toen God terugkwam vroeg Hij aan de mensen waar ze was. De mensen zeiden: ze is dood. God begreep onmiddellijk dat de Dood hierachter zat en hij zei tegen de mensen: allemaal je hut in, dan zal ik de Dood grijpen zodat hij geen slachtoffers meer maakt. Dat deden ze, terwijl God overal ging zoeken naar de Dood. Op een dag zag hij hem maar de Dood probeerde te ontkomen en schoot zo snel als hij kon weg. Hij struikelde daarbij over een oude vrouw die net haar hut uit kwam en zei: "Snel, ver-

berg me, en ik zal u belonen." Nu was het nogal een dom mens, dus ze tilde haar huid op tot bij haar oksels om de Dood eronder te laten en hij glipte haar buik in.
Op dat moment kwam God de hoek om zetten en vroeg haar: "Hebt u de Dood ergens gezien?" Maar nog voordat ze kon antwoorden stortte God zich op haar met de gedachte: wat voor nut heeft zij nog, kinderen kan zij niet meer baren, ik kan haar het beste doodmaken en dan de dood eruit halen en die ook doden. En God was net bezig met het doodmaken van de oude vrouw toen een jonge vrouw haar hut uit kwam en Hem betrapte bij het opensnijden van haar keel. De Dood maakte meteen gebruik van dit ogenblik van verwarring door uit het lichaam van de oude vrouw te ontsnappen en zich te verschuilen in het lichaam van de jonge vrouw. "Kijk," zei God toen, "als ze 'm zelf steeds helpen, dan hou ik er natuurlijk mee op. Dan moeten ze de Dood maar houden."'
Uit: John Mbiti, *African Religions and Philosophy*.

Alexander de Grote Demades geloofde niet dat hij dood was:

'Als hij echt gestorven is, dan zou de hele wereld naar zijn lijk stinken.'

Montaigne vertelt over Alexander:

'Hij ontving een brief van Parmenion die hem uitlegde dat zijn lievelingsarts Philip door Darius was omgekocht om hem te vergiftigen. Hij overhandigde de brief aan Philip terwijl hij op datzelfde moment de medicijnen doorslikte die de arts hem aanreikte.'

Het aardige van Montaigne is dat hij de versie waarin Alexander vervolgens dood neerstort even waarschijnlijk vindt.

Alzheimer en dood Dementerenden zijn soms niet te volgen. Collega Mieke is op bezoek bij haar dementerende tante. Ze ziet een rouwcirculaire liggen, afkomstig van een echtpaar dat ze beiden kennen.
Tante zegt: 'Die zijn allebei dood.'
'Nee,' zegt Mieke, 'hij is dood.'
Tante: 'Nee hoor, ze zijn allebei dood.'
Aan de hand van de circulaire wordt de waarheid vastgesteld.
'O,' zegt tante nu, 'nou goed, dan is het beige en niet lichtbruin.'
Maar daarmee is de ernst van zijn dood volkomen uit zicht verdwenen. Ze was jarenlang bevriend met deze mensen.
Ik voerde zelf een vergelijkbaar gesprek met meneer De V. Hij vertelt mij dat hij het prima redt zo alleen in zijn huisje en dat dat komt omdat zijn vrouw hem overal bij helpt. Maar hij zit in een verpleeghuis en zijn vrouw is een paar maanden geleden gestorven. Als ik hem dat uitleg is zijn reactie: 'Ja, er gaat wel veel langs je heen hè?'

Amerikaanse retoriek Bericht in *The Sunday Times* van 24-25 mei 2008 over Susan Sontag en hoe zij meerdere malen getroffen werd door kanker, eerst borstkanker.
'Sontag verzocht om de meest radicale chirurgische benadering en zij versloeg de ziekte, tegen alle verwachting in. Eind jaren negentig moest ze opnieuw in de strijd tegen kanker, een sarcoom in de uterus, en ook dit overwon ze. Maar de mythes over ziekte die zij had proberen te overwinnen hadden zich ingevreten in haar geest.

(…) een citaat uit haar dagboeken: "Ik voel dat mijn lichaam mij in de steek heeft gelaten, mijn geest ook, ik ben verantwoordelijk voor mijn kanker. Ik leefde als een lafaard, ik onderdrukte mijn verlangens, mijn woede."
Je zou kunnen zeggen dat, als een direct gevolg van de eerdere radicale behandelingen, de kanker terugkwam om haar alsnog op te eisen. Ze ontwikkelde een myelodysplastisch syndroom, een vorm van kanker waarbij bloedcellen niet goed uitrijpen.'

De strijdretoriek staat me tegen. Alsof er moed voor nodig is, terwijl er maar het beste van hopen als je je oncoloog zegt dat je zijn behandelingsvoorstel accepteert, het enige is wat je kunt doen. Je denkt meteen aan Lance Armstrong, ook zo'n type dat kanker 'overwonnen' heeft. Wat zo stoort is het idee dat een flinke meid zich niet laat inpakken door een paar woekerende cellen. Burroughs zei hierover: 'Amerikanen houden er niet van om de dingen op zijn beloop te laten. Het liefst zouden ze in hun darmen afdalen om te helpen de stront naar buiten te scheppen.'

Antroposofisch N's vader was negenennegentigeneenhalf. Zat in een verzorgingshuis, was stervende. Kon daar niet. Moest dat huis uit. Geen personeel voor goede stervenszorg. Zijn zus is verpleegkundige en verbonden aan het antroposofisch verpleeghuis ter plaatse. Vader mocht daar komen sterven. Antroposofische ideeën over sterven gaan onder meer over de ziel voldoende tijd geven om zich los te maken. Wie een ziel met bijvoorbeeld morfine het lichaam uit jaagt, veroorzaakt een ongelukkige binnenkomst in de volgende levensfase. Want door de overhaaste afsluiting hier zit die ziel dáár al meteen met onaf huiswerk.

Vader was behoorlijk verward en hij had het over: 'Ik zie daar twee bomen die ruziën over de erfenis.'
'Maar er is helemaal geen erfenis,' zegt N. 'Die man heeft het in zijn lange leven nog nooit over geld gehad.'
Ook was hij bang voor politie. Toen hij werd opgehaald door twee broeders om naar het verpleeghuis te gaan en op een brancard moest worden gehesen, zei hij (Van Oldenbarnevelt citerend): 'Maak het kort.'
Tegen de verwarring kreeg hij hartmassage met wierook, goud en mirre. Nee, geen grap. Het lukte N. niet om er morfine bij te krijgen, maar een beetje valium mocht wel.

As (1) In de *NRC* (26 augustus 2016) las ik dat de as van Truman Capote geveild zou gaan worden. Hij had die nagelaten aan een vriendin, Joanna Carson, weduwe van de Amerikaanse komiek Johnny Carson. In 2013 was de as nog uitgenodigd om de première bij te wonen van de Broadwayproductie van *Breakfast at Tiffany's*. De verwachte opbrengst was 4000 tot 6000 dollar. In *Vanity Fair* zei een woordvoerder van het veilinghuis dat de schrijver er geen bezwaar tegen gehad zou hebben. 'Hij hield van choqeren. Hij hield van publiciteit.'

As (2) Een paar jaar geleden liet een collega in de zusterpost van het verpleeghuis een bericht in *De Telegraaf* zien 'dat mij hevig emotioneerde'. Onder de kop 'AS DODE MOEDER PROOI BLADBLAZER' stond het relaas van twee dochters die op een begraafplaats in Emmeloord de as van hun moeder hadden uitgestrooid in de vorm van een hart bedekt met rozenblaadjes. 'Toen we daags erna nog even gingen kijken, schrok ik me rot. Alles was weg. Met de bladblazer was alles op een afvalbult geblazen.' Een medewerkster van de begrafenisonderneming had nog geholpen wat as uit de berg te halen om dat met een enkel rozenblaadje weer terug te leggen.

Er was ook een filosoof aanwezig in de gedaante van de baas van de bladblazermachinist, die onomwonden stelde: 'Wat maakt het nou uit? Anders was er na een tijdje ook niks te vinden.'

De dochters hielden niet geheel consistent vol dat het hun zeer veel uitmaakte of moeder 'terugkeert naar de aarde of op een afvalbult belandt. Anders hadden we moeder ook wel bij het huisvuil kunnen zetten.'

Wat was nu mijn hevige emotie rond deze treffende gebeurtenissen? Ik kreeg de slappe lach. Dat komt door het cartoonachtige van deze verwikkelingen. U kent de tekenfilmpjes wel waarin Goofy zich luchtfietsend reeds lang boven de afgrond bevindt, maar pas omlaag stort als hij de diepte onder zich werkelijk ziet. Dat is precies wat hier gebeurde. Collega heeft een zo mogelijk nog beroerder gevoel voor humor dan ik en vroeg: 'En aan welke film doet ons dit denken?' waarop Mieke, de Eigenwijze Hoofdzuster, onmiddellijk het antwoord wist: '*Gone With the Wind*!'

Maar na het lachen doemt hier een heel andere dimensie op die niks grappigs heeft. Verdriet na een overlijden is zo wanhopig door de gedachte dat de dode niet weg is, maar helemaal nergens meer is. Dat onherstelbare werd deze dochters op grove manier duidelijk gemaakt.

We doen alles rond een overlijden om de gedachte hoog te houden dat de dode er ergens nog een beetje is. Een gedachte die ik in onverwachte intensiteit gehandhaafd zag in de beelden van een overleden Syrische aartsbisschop die in

Twente dood, maar zittend op zijn troon en in vol ornaat ten grave gedragen werd. Een dergelijke postume gestalte lijkt minder kwetsbaar dan de as onder rozenblaadjes, maar dat is alleen maar waar zolang je in bladblazers denkt. Over de verdere lotgevallen van de bisschoppelijke resten hoeven we niks meer te hopen dan over de as onder de rozenblaadjes.

Ik ken geen dichteres die zich zo dicht bij weggeblazen as waagde als Emily Dickinson. Zij leefde van 1830 tot 1886 temidden van een steil protestantisme, wat haar tocht naar deze regio des te ongelooflijker maakt. Het mengsel van nuchterheid en wanhoop waarmee zij over pas gestorvenen schrijft is zo bijzonder omdat zij de rol van de filosoof (wat maakt het nou uit?) en die van de bedroefde vrouwen (moeder is geen huisvuil) op perfecte wijze vertolkt. Na de plotselinge dood van haar eigen vader schrijft ze: '... als we nu maar wisten dat hij wist, dan zouden we misschien met huilen kunnen ophouden.' Ze maakt zich zorgen over het lot van haar vader in gindse land: 'Ik ben blij dat er Onsterfelijkheid is,' schrijft ze, 'maar had het liever zelf uitgeprobeerd – alvorens hem eraan toe te vertrouwen.'

Na de onverwachte dood van een vriend schrijft ze aan de weduwe: 'De veiligheid van een geliefde dode is de kwellendste zorg.'

De dood van haar moeder was een heel ander gebeuren. Moeder Dickinson was na een beroerte totaal hulpbehoevend en werd gedurende enkele jaren liefdevol verzorgd door haar twee dochters, Emily en Vinnie. Zij stierf niet echt onverwacht.

Emily vertelde het zo in een brief aan Maria Whitney op 14 november 1882:

'Lieve vriendin, Moeder is opgehouden. Terwijl wij haar lieve vorm door de wildernis dragen weet ik zeker dat u bij ons bent. Emily.' Zij schreef dit op de dag van het overlijden. Enkele weken later schrijft ze, eerst denkend, dan hopend: 'We weten niet waar zij is, hoewel velen het ons zeggen. (...) Ik geloof dat wij op de een of andere wijze gekoesterd zullen worden door onze Maker – dat Hij die deze opmerkelijke aarde gemaakt heeft over het vermogen beschikt om wat Hij heeft veroorzaakt nog verder te verrassen. Daar voorbij is alles stilte...'

Maart 1883: 'Een zacht "Waar is ze" is alles wat over is van onze lieve moeder.'

Mei 1884: 'Alles is inderdaad flets zonder onze verdwenen moeder, die in liefelijkheid bereikte wat zij verloor aan kracht, hoewel verdriet om het verbazende van haar lot de winter kort maakte, en telkens bij het naderen van de nacht worden mijn longen ademlozer bij het zoeken naar wat het betekent.'

En aan het eind van de brief zegt ze: 'Hoe diep is dit Leven, één gissing over de Wateren, en we worden erin gestort.'

Er is net genoeg tijd voor een vragende blik op wat ons omspoelt, en het volgende moment gaan we er reeds in ten onder.

Aspiratie Inspiratie is begeesteren, inblazen. Aspiratie is geest nastreven, naar geest reiken, streven naar iets. Aspiratie is niet zelden een doodsoorzaak en we hebben het dan niet over streven naar iets hogers maar over voedsel of drank inhaleren zodat dit in je luchtwegen komt. Het gaat om een heel grondige verslikking. Naast de mannelijke tepel is de gang van zaken achter in onze keel een van de beste

argumenten tegen intelligent design. Daar zitten twee ingangen: de slokdarm naar de maag en de luchtpijp naar de longen. Het onhandige van het arrangement zit hem hierin dat de slokdarmingang achter de luchtpijp ligt, zodat alle voedsel en drank eerst over dat gat heen geleid moet worden om in het tweede gat naar de maag te verdwijnen.
Ergens rond 10.00 uur in de ochtend van 18 september 1970 lag Jimi Hendrix nog in bed bij zijn vriendin Monika Danneman. Om 10.20 uur stond zij op om op de hoek sigaretten te gaan halen. Toen ze terugkwam had hij gebraakt in zijn slaap. Ze ontdekte dat hij negen van haar Vesperax-tabletten had genomen. Ze kon hem niet wakker krijgen. Ze belde een ziekenwagen en om 11.25 uur werd in St. Mary's Abbott's Hospital in Kensington zijn dood vastgesteld. Hendrix overleed mogelijk door een ademstilstand als gevolg van de Vesperax, of door aspiratie van zijn braaksel, of door beide.
Ik vergeet nooit de grijze septemberochtend waarop mijn tandeloze huisbaas in Nottingham mij staande hield in het bedompte trappenhuis van het smoezelige pand waarin ik toen woonde, om met een valse grijns te melden: 'This Jimi Hendrix o'yours... e's dead!' Ik had hem in machteloos verdriet wel in zijn gezicht kunnen slaan.

Avvakum De Russische dissidente schrijfster Nadjezjda Mandelstam citeert een passage uit de autobiografie van de aartspriester Avvakum Petrovich (1620-1682). Hij was met zijn vrouw verdwaald in een sneeuwstorm. Ze raakt uitgeput en vraagt hem: 'Hoever moeten we nog?' waarop hij antwoordt: 'Tot het graf, vrouw.'

Azteken Hoogleraar en ondernemer in automaterialen Rudolf van Zantwijk vertelt op 2 mei 1992 in NRC over Azteekse mensenoffers:

'Voor de Azteken ging het om religieuze offers, zij meenden dat ze de goden wederkerigheid verschuldigd waren, omdat de goden zichzelf geofferd hadden om de zon in beweging te brengen. Dat vind ik toch iets anders dan wanneer je mensen doodt omdat ze niet willen zeggen waar ze hun goud verborgen houden.'

We gaan ervan uit dat de Azteekse slachtoffers geen afwijkende mening hadden over hoe de zon aan de gang werd gehouden.

Baker, Chet 'The boyish good looks of the 1950s, when Baker was mentioned in the same breath as James Dean, had, by the final years of his life, been replaced by a haggard, cadaverous appearance that reflected the ravages of his way of life. He once quipped to his fellow trumpeter Jack Sheldon that the lines on his face were laugh lines.
"Nothing in life is that funny," Sheldon replied.'
'In de jaren vijftig had Baker nog een jongensachtige aantrekkelijkheid en werd hij in één adem genoemd met James Dean, maar in de laatste jaren van zijn leven zag hij eruit als een uitgemergeld kadaver, en de verwoesting die zijn levensstijl had aangericht was maar al te duidelijk. Tegen collega-trompettist Jack Sheldon grapte hij dat de plooien in zijn gezicht lachlijnen waren.
"Niets is zó grappig in het leven," was Sheldons antwoord.'
Uit: *The Times Literary Supplement*, 23 augustus 2002

Ballonvaart Mijn broer werkte vijfentwintig jaar bij de firma en kreeg een ballonvaart aangeboden. Leuk. Vooraf had men hem een boek over ballonvaart geschonken dat een gruwelijke catalogus bleek te zijn van de vele manieren waarop je met zo'n ballon kunt verongelukken:

– Mandje haakt even aan haantje van kerktoren, kantelt, kiepert alle passagiers er uit, herstelt zich, ballon met leeg mandje verder.
– Ballon wordt in onverwachte termiek omhooggestuwd naar ijlere luchtlaag en spat uiteen, mandje dwarrelt omlaag.
– En dan deze landing: mandje botst onhoudbaar op aanstormende trein.

Nee, ze hadden geen hekel aan hem.

Begrafenis in 1942 'Rotterdam heeft nog een begraafplaats die tot rijksmonument is verklaard: de joodse aan het Toepad in de Kralingse wijk De Esch. Tussen de vele verweerde en vervallen stenen bevinden zich ook kleine reserveringsstenen, stille getuigen van de vele joodse Rotterdammers die niet uit Duitse vernietigingskampen terugkeerden. En er zijn de graven van joodse onderduikers, van wie de meesten onbekend zijn. Zoals het graf bij de kastanjeboom, waar een onderduikbaby is begraven. Hij lag op 13 januari 1942 ingepakt op de stoep van het politiebureau aan de Hoflaan, met het briefje: "Breng me naar het Toepad."'
NRC, 2 september 1999.

Begrafenis van Arthur Wellesley, Duke of Wellington Hij stief in 1852, 83 jaar oud. Zijn begrafenis was een spektakel.

De wagen waar zijn kist op stond woog 18 ton en werd, met veel moeite, getrokken door twaalf paarden. Sommigen vonden de wagen protserig en lelijk. Prins Albert vond hem juist prachtig. 'Dat zegt alles over zijn smaak,' zei Grenville. Het gevaarte raakte vast in de modder in Pall Mall en moest worden losgetrokken door zestig politieagenten, van wie ik niet weet of ze toen al *bobbies* heetten. Er stonden een miljoen mensen langs de route. Bij Ludgate Hill aangekomen waren de paarden zo uitgeput dat een aantal matrozen moest helpen op het laatste stuk. Achter de baar liep zijn paard, geleid door een stalknecht, met aan weerszijden de omgekeerde laarzen van de hertog aan de stijgbeugels bevestigd. Toen de kist langsrolde was iedereen doodstil, maar bij de aanblik van zijn paard met de lege laarzen begonnen veel mensen te huilen.
Ik dacht eerst dat het paard meeliep omdat het dier werd geacht met zijn eigen verdriet deel te mogen nemen aan de algemene rouw. Maar het ging hier om een sympathieke uitloper van een veel ouder gebruik waarbij een gesneuvelde krijger zijn paard meekreeg om verder te kunnen galopperen in een volgende wereld.
Graaf Kasimir Boos von Waldeck werd in 1781 volgens de rites van de Teutoonse Orde begraven in Trèves. Zijn paard werd meegevoerd in de rouwstoet en nadat de kist in het graf was neergelaten werd het dier ter plekke gedood en op de kist geworpen. De achttiende-eeuwse schrijver De Saint-Foix verhaalt iets dergelijks bij de begrafenis van Bertrand du Guesclin in St. Denis in 1389, waarbij paarden geofferd werden. Nederlandse kinderen (en de ouders die het eindeloos voorlazen) kennen Du Guesclin uit *Kruistocht in spijkerbroek.* In voorchristelijke tijden was het een algemeen ge-

bruik, dat zich niet beperkte tot paarden. Ik begrijp dat het terracotta leger uit China een vriendelijk vervolg is op eerdere slachtingen bij de dood van een groot vorst.

Begrafenis van Emily Dickinson 'Ze weigerde de rouwkoets, de kerkdienst en de zwarte bekleding van de negentiende-eeuwse rouwviering in de betere stand. Ze wilde vertrekken door de achterdeur van het grote stenen huis in Amherst waar ze werd geboren en waar ze stierf. Vervolgens wilde ze dat haar kist door de tuin en openstaande schuur over de velden met gemaaid gras naar het familiegraf waar haar ouders waren begraven, gedragen zou worden. Ze koos de zes Ierse landarbeiders die voor haar vader werkten om voor zijn land en zijn dieren te zorgen.
Een geschokte roddeltante in Amherst schreef in haar dagboek: "Zag Emily Dickinsons begrafenis, besloten kring, geen bloemen, naar het Kerkhof gebracht – door Ieren, door de achterdeur, over de velden!! Haar verzoek."'
Uit: Will Barnet, *The World in a Frame* (1989).

Begrafenis van Frans Kellendonk Pater Jan van Kilsdonk vertelde over een goddelijk moment bij de begrafenis van de jammerlijk aan aids gestorven schrijver. Het gebeurde in de Sint-Nicolaaskerk. Aan het eind van de mis werd de kist door het middenschip naar buiten gerold. Jan volgde, geestelijk in vol ornaat. De deuren werden geopend en terwijl hij eerbiedig boog naar 'het vertrekkende lichaam waarin zo'n prachtige geest slechts tijdelijk voor anker was gegaan' viel een brede baan zonlicht de kerk binnen als een goddelijk teken van welkom in de eeuwigheid.
Maar zo duidelijk zei Kilsdonk dat niet.

Begrafenis van Sergej Prokofjev Biografen van Prokofjev vertellen graag over diens overlijden op 5 maart 1953, mogelijk een uur na Stalins dood. Het duurde dertien dagen voordat er een necrologie in de kranten verscheen. Alfred Schnittke, een jongere collega van Prokofjev, die de begrafenisstoet gadesloeg, vertelde later: 'Door een bijna geheel verlaten straat die evenwijdig liep aan de weg waar een uitzinnige menigte op hysterische wijze rouwde om de langs-trekkende Stalin, bewoog in tegenovergestelde richting een bescheiden groepje met op hun schouders de kist met de grootste Russische componist van dat moment... Het was hopeloos in die dagen om je tegen het tij te keren. Maar ook toen bestond er – als in vroegere tijden – de mogelijkheid van een keuze tussen twee besluiten, waarvan er maar één de juiste was.'
Uit: *The Times Literary Supplement*, december 2014.

Begrafenismuziek In de NRC stond laatst een top-50. Op de 25ste plaats: 'Im Paradisum'. 'Im'? ze dachten waarschijnlijk aan een Duitse schlager.

Begrafenisondernemer (1) De leukste bijdrage in *DOOD, de laatste glossy* (hoofdredacteur: Katja Schuurman) komt van Marieke Henselmans, die met ontwapenende nuchterheid de begrafenisondernemer te woord staat. Bijna iedereen loopt rond een overlijden dezelfde val binnen: 'het beste is natuurlijk het duurste'. Wat onzin is. De kosten van mortuarium, opbaren, bezoek, kist, bloemen, plechtigheid, steen/urn, koffietafel, kaarten werkt ze netjes voor ons uit en terwijl je dat tot je neemt valt er ineens een vernietigend schel licht op allerlei fantasieën over toestanden hierna.

Want dit gaat niet over wat er mogelijk wegfladdert uit het lichaam, hier zitten we met het lichaam zelf en wat we daar mee aan moeten. Er zijn nogal wat mensen die iets zeggen in de trant van 'gooi mij maar op de composthoop', maar als nabestaande heb je daar niks aan. Niet 'flink' doen dus, maar gewoon bij leven en welzijn kiezen voor begraven of cremeren.

Begrafenisondernemer (2) Ik heb in mijn werk nogal eens te maken met mensen die weten dat ze binnenkort zullen overlijden. Ik ben er wel aan gewend dat stervenden een duidelijke wens hebben wat betreft kleding, rouwplechtigheid, muziek en eventueel een tekst die moet worden voorgedragen. Kan allemaal, ik vind het best, maar laatst kwam ik bij de voordeur van een patiënt een allervriendelijkste mevrouw tegen die zich vrolijk lachend voorstelde als de uitvaartbegeleidster en mij de hand toestak met de vraag: 'En u bent de dokter neem ik aan?' Ik gaf het toe en vroeg haar enigszins geschrokken, zo zachtjes mogelijk, we stonden in het halletje, wat zij hier eigenlijk kwam doen.
'Ik moest mevrouw even opmeten en we hebben het over de kist gehad natuurlijk.' De kist? Opmeten? Wat was er in godsnaam gebeurd? De levensbeëindiging was pas over een week gepland. 'Maar wacht even,' zei ik zo rustig mogelijk, 'vertelt u mij nu dat mevrouw al is overleden?' 'Welnee,' riep ze opgetogen, 'maar het gaat wel gebeuren, dat weet u toch? Dus heeft ze vandaag een kist uitgezocht. Nou ja, kist, het wordt zo'n rieten mand.'
Waarmee het beroep van uitvaartbegeleider weer een heel nieuwe dimensie heeft verworven. Het lijkt mij overigens een zeer gemengde zegen om de te begraven of cremeren

persoon eerst nog even in levenden lijve te ontmoeten. Ik zou er niet voor kiezen. Omdat ik denk dat de ontmoeting met een overledene die je nooit anders dan als overleden hebt gekend een heel andere emotie oproept dan het andere geval. Het scheen deze uitvaartbegeleidster niet te deren. Kaarten worden nu niet zelden door de kandidaat zelf uitgezocht en soms zelfs door hem of haar ondertekend. 'Kom je naar mijn begrafenis?' Met als olijke aansporing: 'Ik zou dat heel fijn vinden want zelf ben ik helaas verhinderd.'
Ik kan hier niet goed tegen. Ik heb het gevoel dat men in dat 'over het graf heen regeren' een vergissing maakt over de aard van de dood. Als je dood bent dan ben je op een vreselijke manier weg. Zo weg dat er nooit meer iets van je vernomen gaat worden. Jouw definitieve afwezigheid kan niet gedragen worden door jou, dat moeten de achterblijvers doen. Al dit geregel van je eigen begrafenis ervaar ik als net doen alsof je er nog bent. Je haalt een taak naar je toe die anderen toebehoort. Na je dood moeten de anderen afscheid nemen, niet jij. Het moet wel helemaal in jouw stijl gebeuren, maar niet door jou.

Begrafenispoëzie Het gaat om de laatste regels van J.C. Halls 'Twelve Minutes', geciteerd door de Engelse auteur Philip Larkin in *Further Requirements:*

We said the last amen.
A button's pressed and then

To canned funeral strains
His dear dead remains,

Eighty-four years gone by,
Sink with a whirring sigh.

I tip and say goodbye.

Beloning Meneer V. kreeg euthanasie. Zijn dochter had het er moeilijk mee. Hij was nogal tegenstrijdig in zijn signalen. Bij mij was hij steeds een ijsberende Socrates: ijsberend, maar Socrates. Bij haar was hij Jezus in de Hof van Olijven: kunt gij dan niet één uur met mij zijn?
Een week later stuurde ze mij als beloning een tegoedbon voor een brunch in het Hilton. Ik ga er niks mee doen en probeer er zo gauw mogelijk van af te komen. Het lukt me nooit om iets te doen met cadeaus na sterfbedden. Ik kreeg eens een cd met daarop 'alle muziek waar ze in die laatste weken naar geluisterd heeft'. Nooit naar geluisterd. Zeer opzettelijk niet naar geluisterd. Ook boeken geef ik meteen aan iemand anders.
Ik snap het niet helemaal. Waarom zouden mensen hun dankbaarheid niet mogen uitdrukken? Maar voor mij voelt het alsof je een klein geldbedrag krijgt na een welgemeende kus.

Beuys, Joseph en Heinrich Heine Beuys: 'Der Sinn des Denkens ist, die Materie zu erreichen. Die Materie erreicht man nur, wenn man den Tod erreicht.'
(Erg vrij vertaald: je denkt na over wat stof eigenlijk is. En je komt er achter in de dood.)
Heine zegt ook zoiets: '(...) die Musik ist vielleicht das letzte Wort der Kunst, wie der Tod das letzte Wort des Lebens.'
Maar volgens mij kom je nergens achter in de dood. En is de

dood helemaal geen woord. Of is dit allemaal 'stof zijt gij, en tot stof zult gij wederkeren'?

Bijgeloof Mijn broer werd aan zijn hart geopereerd. Ik was er ongerust over, want ik weet hoe zo'n operatie gaat en die beelden maakten me angstig. De week voor de operatie hadden we afgesproken samen te gaan schaatsen op de Weissensee in Oostenrijk. Vond ik wel link, zo'n afspraak, want die operatie zat ertussen en God of het noodlot kan er pissig van worden dat je zo'n hindernis onderschat. In de loop van de middag, toen ik wist dat de operatie gedaan was, probeerde ik met zijn dochters te bellen. Geen gehoor. Mijn eigen dochtertje wilde me troosten en zei: 'Ik weet bijna zeker dat hij niet dood is.'
'Hou daar mee op! Praat er niet zo over!' viel ik tegen haar uit. Ze begreep me maar half en verliet zwijgend mijn kamer. De dood mocht niet weten dat hier mogelijk kansen lagen, was mijn idiote excuus.

Bijna-doodervaring (1) Ofwel de BDE. De enige ervaring die ik als zodanig zou willen boeken is die van de man die zich door onhandigheden van enkele voorliggers in het verkeer plotseling in zijn auto tussen twee gesloten spoorbomen op de rails bevindt op het moment dat de trein eraan komt denderen, in het volle besef dat uitstappen geen zin meer zou hebben. De trein raast vervolgens met oorverdovend geweld voor hem langs op het andere spoor. Hij stond net goed.
Dat is een zuivere BDE waarnaast al die epistemologische ongein waarin mensen tijdens de narcose boven het tafereel van de in hun buik rondtastende chirurg hangen, ver-

schrompelt tot wat het in feite is: een onhandig verpakt brokje hoop op een enkeltje naar de eeuwigheid.

Bijna-doodervaring (2) Mevrouw S. is 96 en wil wel. Gisteren had ze een wegraking en we dachten allemaal hetzelfde. Zij ook, want toen ze weer bijkwam zei ze: 'Ik dacht dat ik doodging.'
'Dat dachten wij ook, oma,' zei haar kleindochter.
'Nou ja, weer niet gelukt kind.'
Als je zo laconiek doet slaat de dood je over. Je moet wel een beetje spartelen aan de rand, anders ziet de dood je niet en vergeet hij je eroverheen te duwen.

Bizarre dood (1) *Trouw*, 4 juli 2016:
'Koe Antje werd geboren op 12 augustus 2009 in Giessenburg. Ze overleed aldaar op 17 april 2016. Op 17 april, het was een zondag, deed boer Harteveld voor het eerst dit voorjaar zijn koeien naar buiten. Weidegang heet goed te zijn voor de dieren, het publiek wil het graag en de boer kan er een kleine premie voor krijgen. Op de eerste dag van het weideseizoen komen de koeien dansend en hupsend de stal uit. Dat werd Antje fataal. Door het gewicht van haar klotsende en zwiepende uier (een volle uier kan wel 50 kilo wegen) scheurde de band waarmee de uier inwendig aan de buik hangt. "Ze kwam aan het eind van de dag als laatste weer binnen, dat was al vreemd," vertelt Harteveld. "In de melkstal kwam er bloed uit haar uier. Ze was heel koud en kort daarna was ze dood. Ze is overleden aan inwendige bloedingen."'

Dit wordt niet verteld om aan te tonen dat we ons aan dieren vergrijpen door ze zo ver door te fokken dat die stakkers geen sprongetje meer kunnen maken vanwege die tientallen kilo's uier waar we ze mee hebben opgescheept. Nee, dit wordt aangevoerd als een argument tegen verplichte weidegang.

Bizarre dood (2) Het gebeurde in 1962 of 1963, en het ging om de vader van een klasgenoot, Harry E. De man was sergeant op vliegbasis Soesterberg. Op de binnenplaats stond een straaljager. Schoonmaker in de cockpit drukt op verkeerde knop en de boordmitrailleur begint te ratelen. Sergeant E. achter zijn bureau op de eerste verdieping wordt dodelijk getroffen. Het stond ook in de krant.

Blind Tom D., zevenentwintig, een van de eerste aidsslachtoffers, ik vergeet hem nooit. Het was in 1987. Hij was blind geworden door een toen bij aids veelvoorkomende netvliesontsteking. Op zijn sterfdag zei hij tegen mij: 'Ik ben niet bang voor die laatste vijf minuten. Omdat ik blind ben. Ik hoef mijn ogen niet te sluiten. Snap je?'
Ik begreep het niet goed.
'Ik ben al voor een heel groot deel weg.'

Bloempje Bij het bloemenstalletje tegenover de Nieuwe Ooster koop ik een bosje bloemen voor de verjaardag van een vriendin.
'Is het voor de overkant?' aarzelt de mevrouw.
Nee, het is voor deze kant.

Boeddhisme De beroemde schrijver S. kreeg van collega M. te horen dat hij dood zou gaan. Dat deed hij dan ook een paar maanden later. Hij reageerde nogal heftig op de aan-

kondiging, waarop zijn vrouw hem een beetje plagerig vroeg: 'Maar jij bent toch een boeddhist?' Toen werd hij pas echt boos: 'Hoe kom je d'rbij? Ik weet wel veel van zenboeddhisme, maar ik ben geen boeddhist!'
(Wel aardig als iemand nu heel zachtjes 'satori!' zou zeggen.)

Boeken die sterven 'In de dagen van mijn grootvader,' schreef de zeventiende-eeuwse antiquair John Aubrey, 'vlogen de manuscripten rond als vlinders... En de handschoenenmakers van Malmesbury joegen erachteraan, en ongetwijfeld werden er heel wat handschoenen verpakt in goede antiquarische stukken.'
Bibliofielen denken liever niet aan de slachting rond de Reformatie. Het lijkt erop dat er nog slechts een minieme fractie van Engelands middeleeuwse manuscripten resteert. De kleine priorij van de augustijnen in York bezat voor 1536 636 boeken. Daarvan zijn er nu nog acht over. Van de driehonderd werken die hertog Humphrey schonk aan Oxford haalden twee onze tijd.
Uit: *The Times Literary Supplement*, 9 september 2011.

Bongo sterft En toen gingen we naar de Apenheul. Het was overweldigend. Dat kwam door een gedachte die koningin Victoria in 1842 naar ik meen als eerste formuleerde. Zij werd meegetroond naar de Regent's Park Zoo in Londen, waar zij oog in oog kwam te staan met een orang-oetan genaamd Jenny. Gevraagd naar haar indruk beschreef de majesteit het dier als: 'Frightful and painfully and disagreeably human.'
Waarmee ze aangaf wat wij allemaal voelen bij een eerste ontmoeting met een mensaap: ze kijken je zo onontkoom-

baar duidelijk aan. Honden en katten lijken meer je contouren af te tasten, maar mensapen kijken je recht in je ogen. Victoria was eraan gewend omlaag te blikken, en zo'n beetje alle mensen in haar omgeving blikten dan met aanzienlijke aarzeling omhoog. Ik denk dat de vorsende blik van Jenny, die immers uit een diepte kwam waar zij helemaal geen blikken vermoedde, haar extra pijnlijk getroffen moet hebben.

Ons zelfbeeld is gekrompen en in 2018 denken we enigszins horizontaler over de grote apen. Zeker in de Apenheul, waar ze namen hebben als Bongo, Bao Bao, M'Zungu, Wimbé, Mapasa en Jambo. Die horizontale blik vind je ook terug in de terminologie waarmee hun doen en laten wordt beschreven: er zijn 'leiders', 'pubers', 'machtswisselingen', 'harems' etc. Overigens had Victoria gerust kunnen zijn wat betreft haar bezorgdheid voor een al te sterke overlap tussen ons en de gorilla's. Ze zijn strikt vegetarisch en eten wel twintig kilo groenvoer per dag. Dat verteer je niet makkelijk door één darmpassage. Dus eten ze hun poep weer op voor een verdere uitbating.

We kregen een fascinerende film te zien die werd gemaakt rond het sterven van Bongo, de leider, in 2005. Hij overleed na een ziekbed van twee dagen door een hersenvliesontsteking, zo bleek later. In de nacht voor zijn dood werd hij van de groep gescheiden omdat zijn oudste zoon ietwat te vroeg op het aanstaande lijk wilde gaan dansen. Maar de volgende ochtend werd hij dood aangetroffen. Men besloot de groep bij hem te laten om afscheid te kunnen nemen. Afscheid? Gorilla's 'nemen afscheid'?

Ik denk dat zelfs Frans de Waal hier even zou fronsen. Wat we zagen was dat de vrouwen en de zoons de op de grond

liggende dode Bongo voorzichtig benaderden en allemaal aan hem roken. Allemaal. Ik snapte het niet. Hij was net dood, een uur ongeveer, hij was nog warm. En ze bleven maar aan hem ruiken. Weglopen, weer terug, even ruiken, weglopen, weer terug. Was de visuele indruk te verwarrend? Want hij lag natuurlijk nooit zo op zijn zij op de vloer. Wilden ze dan via zijn geur proberen uit te zoeken of hij het was? Roken ze de dood? Maar dit was hun eerste dode soortgenoot. Afscheid nemen betekent dat je zegt: tot ziens, ik ga, jij gaat, bedankt, je was geweldig etc. Dat deden deze gorilla's niet, denk ik. Een van zijn zoons maakte een slaapplaats klaar in de buurt van zijn dode vader. Mij krijgen ze niet weg van pa, zou hij gedacht hebben. Zou het? In de maanden na zijn dood was er veel wanorde in de groep omdat niemand de baas was, maar daar zat geen rouw om Bongo in.
Na de obductie werd hij begraven op het eiland waar hij zo lang geheerst had. Dat was nog een heel gedoe, want we hebben het wel over tweehonderd kilo gorilla. Ze hadden een mooie kist voor hem gemaakt die met behulp van een graafmachine heel respectvol in de kuil werd neergelaten, terwijl zijn verdrietige verzorgsters en verzorgers eromheen stonden. Het graf werd dichtgegooid en zijn nazaten zetten hun leven voort boven zijn nu niets meer vermoedende hoofd.
Totdat dit in een heel ander hoofd tot de constatering leidde dat je volgens een Europese regel alleen maar huisdieren zelf mag begraven. Het ongelofelijke gebeurde: men (men?) eiste dat hij opgegraven zou worden voor crematie. Dat gebeurde in een paardencrematorium in Brabant. De urn met zijn as werd, opnieuw tegen de regels in, toch maar begra-

ven op zijn eiland. Dit werd oogluikend toegestaan. Moe maar voldaan keerden we huiswaarts, met enige twijfel over afscheid nemende gorilla's, maar met hernieuwde zekerheid over de bizarre aard van de mens.

Bromfietsen die allang dood zijn Recensie van S. van der Horst, *Berini. Geschiedenis van een Hollandse brommer*, NRC, 23 november 1991:

'Wij reden Puch, een andere keus was er eigenlijk niet voor klassebewuste lyceïsten uit het Gooi. Tomos mocht, maar Puch was beter. Je had dissidenten, maar ze hadden meestal een goede reden. Willem de Graaff bijvoorbeeld reed op een Kreidler Florett, maar hij moest helemaal uit Bunschoten komen. Ernstiger was het geval-Hans Dijkhof. Deze Soestenaar overwoog hardop de aanschaf van een Eysink (...) dat was bijna nog erger dan een Batavus Whippett. Met zo'n buddyseat in luipaardmotief, en met van die tweekleurige plastic hulzen om de kabels. Met een vossestaart aan een nep-antenne.'

De recensent noemt ook nog: NSU Quickly, RAP, HMW, Zündapp, Sparta en natuurlijk de Mobylette waar de hele MMS op reed, grijze brommertjes met voorop zo'n rammelend ijzeren mandje.

Burton, Richard Uit *The Richard Burton Diaries*:

'Death is a son-of-a-bitch. The swinish unpredictable, uncharitable, thoughtless fuck-pig enemy.'

Ja dat is niet best. Opvallend zwak eigenlijk, want we verwachten subtiel maar robuust proza van Burton. Maar nee, dit is natuurlijk niets meer dan een kreet. En hij bedoelde ook niets meer dan dat. Raar dat het gepubliceerd werd. Iets vergelijkbaars voel je in Becketts verzuchting bij het sterven van zijn jeugdliefde Ethna Maccarthy-Leventhal:

'Poor Ethna is dying in East Ham Memorial Hospital, cancer of the mouth, a few weeks to "go" fucking, fucking earth.'

Campert, Remco Bij *College Tour* zag ik Remco Campert. Het gebeurde in 2015, toen hij 85 jaar oud was. Twan Huys had niet de beleefdheid om Campert de trap af en het podium op te helpen. Dat betekende dat de hele zaal vol jonge mensen zijn volledige aandacht kon geven aan een breekbare oude man die ondanks het gebruik van een stok moeizaam, des te moeizamer vanwege al die jonge blikken, zijn weg omlaag vond. Geef hem nou toch een arm, dacht ik. Maar misschien weigerde hij dat juist.
Het gesprek vlotte niet erg. Campert was misschien ooit een vlotte prater, maar hij is nu nogal stroef, kort en kleurloos. Zijn dood kwam onvermijdelijk langs. 'Ik ben nieuwsgierig om te weten hoe dat is, al zal ik het niet weten.' Een aardige tegenstrijdigheid? Ja. Of gewoon gezwets. In een filmpje zag je zijn vrouw en de vrouw van Kees van Kooten in een golfkarretje over Zorgvlied rijden om daar een leuk plekje uit te zoeken waar de innig bevriende echtparen zich na de dood weer bij elkaar zouden vervoegen. Volgens Kees van Kooten zei Campert over deze gedroomde reünie: 'Ik kan haast niet wachten tot we daar gezellig met z'n viertjes liggen.'
Ik betrap mezelf op twee reacties. Eén: de dood is godver-

domme geen afdeling van De Efteling, wat denken julie wel? Twee: waarom mag je eigenlijk geen plaatje van Anton Pieck gebruiken om de afgrond mee te bedekken, ook als je weet dat je daar onmiddellijk doorheen zult zakken?

Cheyne-Stokesademhaling Je ziet het bij kleine baby's (omdat ze neurologisch 'nog niet uitgerijpt' zijn), bij hartpatiënten, maar vooral ook bij stervenden. Het gaat zo. De diepte van de inademing neemt af met elke ademtocht. Het ademen wordt steeds oppervlakkiger, komt zelfs helemaal tot stilstand. Dan, na een pauze van enkele seconden (soms veel langer), begint het ademen heel geleidelijk weer opnieuw met een lichte inademing die almaar dieper wordt en dan na een paar lekker diepe zuchten weer afvlakt om opnieuw tot stilstand te komen. De fysiologie is gevoeligheid van chemoreceptoren voor de concentratie kooldioxide in het bloed. Die chemoreceptoren prikkelen neuronen die de ademhalingsspieren aan de gang moeten zetten. Als de kooldioxideconcentratie in het bloed afneemt (flink doorzuchten), dan vermindert de intensiteit van de prikkel, zodat de ademhaling oppervlakkiger wordt, waardoor de kooldioxideconcentratie weer stijgt, met als gevolg dat de prikkel weer sterker wordt enzovoorts.
Het is een lastig, om niet te zeggen zenuwslopend fenomeen in een stervende patiënt. Vooral als ze morfine krijgen, want dat werkt Cheyne-Stokesademhaling in de hand door ademdepressie.
Je zit te waken bij je stervende moeder en je ziet dat ze geleidelijk ophoudt met ademen. Wacht even, het stopt helemaal! Ademstilstand, je springt overeind, moeten we niet iemand roepen, maar net als je je mobieltje uit je handtasje

tevoorschijn hebt gegrabbeld begint ze weer te ademen. Dat kan uren zo doorgaan, soms met ademloze pauzes van wel vijftig tot zestig seconden, en dat is lang hoor. Daarom probeerde ik als arts altijd te voorkomen dat mensen gingen waken, omdat ze dat nooit erg lang volhouden. Eén nacht gaat nog wel, maar halverwege de tweede nacht zijn ze zo uitgeput dat ze bij de dokter gaan eisen dat er nu toch echt een einde aan gemaakt moet worden, onder het devies: waar wachten we eigenlijk op?

Het ergste wat ik ooit meemaakte met Cheyne-Stokes was bij een geliefde die stierf door ernstig hartfalen. Dat gaat bijna altijd met Cheyne-Stokes gepaard. Het trieste bij haar was dat ze tijdens de Cheyne heel diep wegzonk om vervolgens bij de Stokes net voldoende wakker te worden om een delier in te schieten. Een marteling waar gelukkig een einde aan kwam toen de morfinedosis werd verhoogd.

Chimpansees Mensen zijn eeuwenlang de enige echte bewoners van de aarde geweest. Ja, planten en dieren waren er ook, maar alleen om het voor ons mogelijk te maken om er te zijn. We hebben eeuwen min of meer comfortabel geleefd met dit idee. Waaruit je mag concluderen dat een visie die door velen gedeeld wordt (hoog- en laagopgeleid) geen garantie in zich draagt waar het de houdbaarheid betreft. En daaruit volgt weer het ondermijnende besef dat wat we nu als onze plaats zien waarschijnlijk in de toekomst ook wel weer terzijde geschoven zal worden. Geeft niet, het besef dat we de boel gewoon niet goed snappen, zal hopelijk wel iets blijvends hebben.

Hoe dat ook zij, we proberen ons zo goed mogelijk te oriënteren in de nieuwe positie van dier onder de dieren. We zien

het als een van onze meest dwingende opgaven om uit te zoeken in hoeverre dat dier-zijn van ons nu klopt of niet. De dichterlijke oplossing van half engel half beest klinkt goed in een sonnet, maar we proberen hier na te denken en dan is beeldspraak niet wat we zoeken. Nu moet ik voorzichtig zij met dat 'we', want ik ken heel veel mensen die deze biologische plaatsbepaling volkomen oninteressant vinden. Gelukkig staan daar collega-tobbers tegenover die zich wel met deze vraag het dierenrijk in wagen, en in de *NRC* van 15 maart 2017 las ik een fraai verslag van zo'n expeditie.
Onder de problematische kop 'Chimpansee reinigt gebit van overleden pleegzoon' worden de handelingen beschreven van chimpansees rond een overleden soortgenoot. Die kop is zo problematisch omdat daarin wordt beweerd wat nu juist moet worden onderzocht. Afgezien van het ingewikkelde begrip 'pleegzoon' is het nu juist de vraag of die chimpansees een dode soortgenoot zagen of een onbegrijpelijke. Hier is wat werd waargenomen. Chimpansee Thomas ligt dood op de grond. Pleegmoeder Noel duwt voorzichtig zijn lippen uit elkaar en peutert met een grasspriet tussen zijn tanden. In een eerdere scène werden andere reacties gezien op het dode dier: sommige groepsgenoten zaten er stilletjes bij, andere raakten hem even aan, weer een ander werd agressief en sloeg op het lijk. Maar het gebit reinigen door Noel valt op door de tederheid waarmee het gebeurde. Er zijn nog meer reacties bekend van chimpansees rond een dode soortgenoot: stro wegvegen van het lijf, vliegen wegjagen en vliegeitjes verwijderen. Dat zullen wel maden geweest zijn, want welke chimpansee weet dat vliegeitjes vliegeitjes zijn?
De reden waarom we zo scherp mogelijk proberen te ach-

terhalen wat chimpansees met een dode soortgenoot doen, is dat we willen weten in hoeverre ook zij zich bewust zijn van de dood. Of zijn wij de enigen die dat begrip met zich meeslepen? Kun je eigenlijk wel weten wat een dier denkt? Ja hoor, kijk maar eens naar uw hond als u aanstalten maakt om hem eindelijk uit te laten. Of naar uw kat als ze u 's morgens uit uw slaap haalt omdat ze brokjes wil. Mensen die al jaren met chimpansees omgaan kunnen hun angst, woede, honger, ergernis of speelsheid heel goed inschatten.
Ik denk dat de handelingen die we in chimpansees rond een dode zien goed verklaard worden door de eveneens in het artikel geciteerde primatoloog Alexander Piel, die tandenpoetsen niet als rouwgedrag beschouwt, maar het eerder ziet als een uiting van verwarring omdat de dode niet reageert zoals de andere dieren verwachten.
Helaas wordt nergens vermeld wat er uiteindelijk gebeurde met de dode. Kennelijk valt er niets meer te melden dan deze incidenten, die je zou kunnen beschrijven als onhandige interactie met een soortgenoot die dat niet meer blijkt te zijn. Het lijkt slechts in de verste verte op wat wij doen met onze doden, die niet zomaar in een opwelling aangeraakt worden, maar die we heel erg grondig verzorgen, waarna ze worden verbrand of begraven. Ja, ik zeg het maar zoals het is. Waarbij je je wel kunt afvragen of wij het veel beter doen dan de chimpansees. Is die treffende onhandigheid waarmee zij hun onbegrip over de aard van een lijk tonen niet veel duidelijker dan de opgetuigde rituelen die wij om ons onbegrip heen hebben gebouwd? Misschien, maar ze zullen daar nooit iets over schrijven voor hun soortgenoten.

Cioran, Emil 'De dood is een beloning voor al diegenen die het tot niets hebben gebracht, tot niets wilden brengen... Hij stelt hen in het gelijk, hij is hun triomf. Maar voor de anderen, voor al diegenen die zich hebben uitgesloofd om te slagen in dit leven en die dat ook bereikt hebben – wat een klap in hun gezicht!'

Claus, Hugo Ik las in de NRC van 23 maart 2008 dat hij, lijdend aan alzheimer, op 78-jarige leeftijd besloot om euthanasie te vragen met als motivatie: titatutis, wat niet op een medsche complicatie wijst, maar een misleidende schrijfwijze is voor 'tijd dat 't voorbij is'.

Communisten Meneer De Vries, ouwe communist, geboren 1919, vertelt me dat oude partijleden in de jaren vijftig nogal eens longkanker kregen. Er werd veel gerookt in communistische kring. 'Vlak voor hun overlijden kwamen ze dan langs om afscheid van je te nemen en je zei dan: "Maar ik zal je toch nog wel eens zien?" Nee, was het antwoord altijd, dit is definitief. En verdomd, paar dagen later, dood.' Het duurde nog heel wat jaren voordat hij erachter kwam dat ze hun zelfmoordpil uit het verzet nog hadden.

Conrad, Joseph 'Een man die wordt geboren valt in een droom zoals een man die in zee valt. Als hij probeert er uit te klimmen de lucht in, wat onervarenen doen, dan verdrinkt hij – nicht wahr? ... Nee! Luister! Wat je moet doen is je onderwerpen aan het vernietigende element, en door de inspanningen van je handen en je voeten ervoor zorgen dat de diepe, diepe zee jou draagt.'
Uit: *Lord Jim* (1900).

Contact met de doden (1) Het is mij één keer overkomen, en dan niet in de seance-zin van het woord. Die contactvorm is qua inhoud trouwens altijd weer even teleurstellend. Doden hebben eigenlijk nooit iets verrassends te melden. 'Het is hier goed', hoor je dan, of 'Gerrit is hier ook'. Ja, waar zou hij anders zijn?
De vraag is wat onder die omstandigheden als verrassend zou gelden. Wat vindt u van: 'Na drie maanden rondhangen in die kist (spaanplaat trouwens, kon er niet meer af?) was ik het daar echt zat. Overigens wel opgemerkt dat de wormen waar al eeuwen over gezongen, geklaagd en gejankt wordt, geen poot uitsteken naar een lijk. Ik zag voornamelijk kleine insecten en verder deden bacteriën het werk, neem ik maar aan. Maar goed, eenmaal naar buiten geworsteld steeg ik... wacht even, er roept iemand uit de keuken... Zo terug hoor.'
Maar die ene keer ging zo. In 2004 overleed mijn stiefmoeder. Mijn vader was tien jaar eerder overleden. Het ouderlijk huis moest leeg. Niemand wilde de acht stoelen die mijn vader in 1959 had gekocht. Ik weet dat jaar nog omdat het om een enorme aanschaf ging. Mijn moeder lag in die zomer doodziek in het ziekenhuis en nadat ze schoongemaakt waren nam mijn vader één stoel mee om die aan haar te laten zien. Dat zal niet gebeurd zijn in de zekerheid dat ze nooit meer thuis zou komen, want dan was het een wel zeer dubieus gebaar. Want ze kwam niet meer thuis en zou er dus nooit op zitten.
Maar goed, in 2004 namen wij de stoelen mee naar huis. Om ze opnieuw te laten bekleden moest de oude bekleding er afgehaald worden. En toen gebeurde het. Uit een van de ruggen kwam dit getypte briefje tevoorschijn dwarrelen:

Deze 8 stoelen zijn gemaakt door van de Brug wonende hoek Schimmelpenninck kade – straat, chef meubelmaker bij Fontein Muurhuizen Amersfoort in +/- 1955.
Onbekleed gekocht door W. Th. Keizer Meesterschilder Westsingel 28 voor *f* 35,– per stuk in 1959 en door hem bekleed met schuimrubber zittingen van *f* 9,– per stuk en meubelstof van *f* 39,– per meter.
Voor de tweede maal bekleed in 1985 met schuimrubber zittingen van *f* 9,– per stuk en meubelstof van *f* 158,– per meter.
Benodigd aantal taatsen +/- 1200.

Ja, die taatsen. Dat was om aan te geven wat een hels karwei het eigenlijk was. Maar ik heb dit, hoe bescheiden ook van inhoud, als een vriendelijke boodschap van mijn vader beschouwd, die mij tien jaar na zijn dood bereikte. Ik was er erg blij mee en heb hem meteen rondgestuurd naar mijn broers en zusters met op elk adres eenzelfde glimlach als gevolg, want wij hadden een lieve vader.
Dat typen heeft hij niet zelf gedaan hoor, dat deed mijn stief. Ik ben geneigd om de proces-verbaalachtige toon eveneens aan haar toe te schrijven.

Contact met de doden (2) Dit gedicht van Wim Brands gaat over iets vergelijkbaars, maar dan in het dakdekken:

Voor hij begon met repareren nam hij de omgeving in zich op:
de tuinen, het weiland, de huizen aan de zoom,
het bos, de paarden die op stal wilden,

en dacht na over wie hier vóór hem zaten. Hoe spraken zij
in zichzelf, zo hoog? En hoe zag de hemel er die dag uit?
Helder? Zwanger van komend noodweer?
Nagel in zijn mond vroeg hij zich af of ook zij het verlangen
hadden gekend een bericht achter te laten voordat
zij begonnen met het bedekken van het dak.

Een regel gekrast in lood.

Ze zagen hetzelfde als hij, werkten met hetzelfde
materiaal en gereedschap: nagels, leien,
een zaag, een hamer.

Over tien jaar is hij dood.

Niet lang daarna zal iemand de trap beklimmen, zijn
onleesbare
tekst vinden en bij het afdalen
onverklaarbaar geluk ervaren.

Getroost door een leven dat schonk
wat het zelf ook niet bezat, als
in het wonder van onze lege handen.

Uit: 's *Middags zwem ik in de Noordzee* (2014).

Cremeren Herodotus over menselijke 'wijsheid' (ik vertaal schandalig vrij vanuit de Engelse vertaling):

'Als je mensen vraagt om te kiezen uit de verschillende geloofswaarheden die je bij allerlei volkeren aantreft, dan komen ze steevast uit bij wat ze thuis altijd te horen kregen. Daarom moet je wel gek zijn om daar de draak mee te steken. Denk aan het verhaal van Darius. Toen hij koning van de Perzen was vroeg hij aan de Grieken in zijn entourage tegen welke prijs zij hun doden zouden opeten. Voor geen geld in de wereld natuurlijk. Vervolgens vroeg hij aan een groep Indiërs van de Callatiae-stam, die de gewoonte hebben hun doden te verorberen, tegen welke prijs zij bereid waren hun doden te verbranden. Onder kreten van afschuw verboden zij de koning om over een dergelijke verschrikking te spreken. Zo zie je dat Pindarus gelijk had toen hij zei dat traditie boven alles troont.'

Het merkwaardige, in onze antropologische ogen dan, is Herodotus' conclusie dat je daar dus niet aan moet zitten. Terwijl wij tot het stakkerige besef neigen dat die hele traditie dus niks voorstelt, wat in volkomen tegenspraak is met de manier waarop wij in 2018 met de doden omgaan. We hebben nu zelfs hondenkerkhoven.

Cynisme Het woord wordt vaak misbruikt om iets terzijde te schuiven wat de spreker niet aanstaat. Zo vinden mensen het cynisch als je aantoont dat het aantal keizersnedes toeneemt met het aantal gynaecologen. Maar het mooiste voorbeeld stamt uit 2003, nog net voordat de Golfoorlog begon. Amerikaanse aannemers wedijverden al in maart 2003 om de contracten voor de herbouw van bruggen en gebouwen die toen nog niet gebombardeerd waren.

Dantzig, Dries van Op zijn begrafenis hoorde ik dat hij als voormalig gevangene in Neuengamme wiedergutmachung

kreeg. Hij overwoog even om het uit te geven aan een rook schrijvend vliegtuig om boven Duitsland *SCHEISSE* in de lucht te schrijven. Maar hij besloot om met dat geld zijn vliegbrevet te halen.
Dat is een wel heel elegante koerswisseling zou ik zeggen.
Louis Tas sprak ook op de begrafenis. Hij zei: 'Het zal niet in één dag gebeuren dat je beseft een goeie vriend verloren te hebben.'
De laatste spreekster: 'Ik hoop voor God dat hij niet bestaat, anders zal hij met Dries moeten praten.'

De Profundis Ik was samen met Nico ter Linde in Tilburg voor een spreekbeurt in het kader van de Boekenweek, die in 2003 de dood als thema had. Na afloop kwam een bijna tandeloze tachtiger naar voren, zo'n met druppeltjes pratende man die veel te dicht op je komt staan zodat er geen ontkomen is aan zijn onprettige adem. Hij stapte op Nico af. 'Ik ben dominicaan én gehuwd. Ja, dat kan allemaal. Maar vertel nou eens eerlijk, want ik heb grote bewondering en vertrouwen in jou, zeg het me, en zeg het me duidelijk: is er nou een hemel of niet?'
Waarop Nico: 'Ik vind ís te sterk als woord, maar ik geloof wel dat... ik leef in de hoop dat...' Maar hij hoeft zijn betoog niet eens te beginnen. Meteen grijpt de man Nico's hand in een stuitend kruiperige vervoering: 'Ik begrijp je... ik begrijp jou helemaal!' Hij snikt het bijna.
Ja, dat zijn akelige taferelen.

Dementen doodmaken Het gaat om mensen die in een wilsverklaring opschrijven: 'Als ik dement ben en daardoor doodongelukkig, dan wil ik dat euthanasie op mij wordt toegepast, ook al kan ik daar dan zelf niet langer om kan vragen.' Ik ben ertegen, maar verstrikte mijzelf in dit gesprek met vriend W.

W: Wat heb jij eigenlijk voor wilsverklaring?
K: Dat ik dood wil als ik na een ongeluk in coma raak o.i.d.
W: Waarom?
K: Mijn leven is dan zinloos en het lijkt mij iets vreselijks als mijn vrouw en kinderen dat met zich mee zouden moeten slepen.
W: Maar jij lijdt dan niet?
K: Nee, dat denk ik niet.
W: Maar net zei je dat je dementen in het laatste stadium als ze lijden niet wilt doodmaken.
K: Ja, en?
W: Maar dat is toch van de gekke? Als iemand niet lijdt wil je hem wel doodmaken, en als ze nog wel lijden niet!

Dementie en dood Mevrouw S. is dement en verloor haar man, nu alweer een paar weken geleden. Ze belt haar dochter.

'Ik ben je vader kwijt. Ik zie hem nergens.'
'Mam, hij is dood.'
'O, dan ben ik zeker niet naar de begrafenis geweest? Ik keek al onder de tafel. Waar zouen ze 'm gelaten hebben?'
Soms zegt ze: 'De stilte valt zo op me.'

Denken over de dood Denken is dansen met je verstand. Op de melodie van de wereld. Daarom is denken over de dood zo moeilijk. Omdat het orkest dan zwijgt.

Dexamethason Op 5 juli 2014 sms'te René Gude:

'Zeg collega Keizer, er is hier in huis met enige regelmaat sprake van ondraaglijk en uitzichtloos welbevinden. Wat moeten we daar nou weer mee? Het bemoeilijkt het boeken van ziektewinst ten zeerste. Doe iets!'

Ik schrok me dood, want ik las over 'welbevinden' heen. Hij had dexamethason gekregen van zijn huisarts en beschreef zich als 'het dexamethazonnetje in huis'.
De biochemie van dexamethason is nogal ingewikkeld en ik weet er te weinig van om het goed te kunnen uitleggen, maar de werking op korte termijn is soms wonderbaarlijk. Daarom dacht collega S. dat Jezus dexamethason gebruikte. 'Kwam hij zo'n dorp binnen, en meteen werd alles wat kreupel, blind, pussend, doof, gezwollen, uitgeteerd, koortsig of wanhopig was naar hem toe gesleept. Hij gaf ze grif uit de voorraad dexa, die hij van Zijn Vader had meegekregen. Liet zich vervolgens maaltijden en allerlei andere geneugten aanleunen door de stakkers en trok de volgende dag weer verder. Drie maanden later kregen ze allemaal suikerziekte, maagzweren, slecht genezende wonden, brosse botten en allerlei geestelijke narigheid, maar dan zat Jesse alweer aan de andere kant van Galilea, halleluja, amen.'

Diana Cooper 'Leeftijd wint, men moet leren om oud te worden… dus moet ik nu leren om die nare lange winterse weg af te lopen, zoekend naar mijn bril, liever niet in de wrede spiegel kijkend, lachend om mijn onhandigheid om op die manier het medeleven van de omstanders voor te zijn, niet op galanterie rekenen, maar teleurgesteld als het niet

geboden wordt, bangelijk bij elk pijntje, soms bijna verteerd door een flits van sterfelijkheid, ongewapend, ongelooflijk kwetsbaar... Men went zozeer aan leven dat men niet geneigd is om te sterven. Maar, voordat het over is, wie weet wat voor licht nog kan gaan schijnen?'
Uit haar autobiografie *The Rainbow Comes and Goes* (1958).

Dickinson, Emily (1) In 1883 schrijft ze:

'I sometimes remember that we are to die, and hasten toward the Heart which how could I woo in a rendezvous where there is no Face?'
'Soms schiet me te binnen dat we zullen sterven, en ik haast mij naar het Hart dat ik hoe zou moeten winnen bij een weerzien waar er geen Gezicht is?'

Het ging om de dood van haar kleine neefje Gilbert, die in enkele dagen overleed aan tyfus. Ze vraagt zich af hoe dat moet, straks als we geen Gezicht hebben. Ze acht het eigenlijk onmogelijk dat ze hem daar weer in haar armen zou kunnen sluiten. Dat ze zich daadwerkelijk haast naar dat Hart klinkt door in de manier waarop de woorden over elkaar buitelen.
Enkele dagen later ontvangt ze van een dierbare vriend, Charles Clark, de foto van zijn gestorven broer.

'Lieve vriend,
Terwijl ik u onmiddellijk dank voor het kostbare Geschenk, kan ik niet zeggen hoezeer het mij bedroeft dat ik het nooit meer zal zien.
Ik geloof niet dat wij een Gelaat zullen hebben in een verder

Leven, en dan is de Aanblik van een Vriend een welhaast te breekbare Zegen.'

Tegenover mensen die een dierbare verloren, heeft ze steevast troostende woorden met als ondertoon de zekerheid dat de gestorvenen goed terecht zijn gekomen. Maar voor zichzelf kan ze dit niet opbrengen en in plaats van de lichtelijk zalvende toon waarmee ze anderen opbeurt, spreekt ze tegen zichzelf op een bijna terloopse manier over de onmogelijkheid van een geest zonder lichaam, de onmogelijkheid van een leven na de dood.
Een paar weken later schrijft ze aan dezelfde Charles:

De Geest schuilt in het Vlees
Als Getijden in de Zee
Die het Water doen leven, gescheiden
Wat zou Elk op zich zijn?

Dickinson (2)
'Tis Life's award – to die –
'Het loon van Leven – te sterven.'

Dit klinkt vreemd, maar de boodschap is, denk ik: geen zorgen, gezien het feit dat we het erover eens zijn dat niet sterven een marteling zou zijn, mag je het feit dat we allemaal doodgaan met opluchting begroeten.

Dickinson (3)
Each that we lose takes part of us;
A crescent still abides,
Which like the moon some turbid night,
Is summoned by the tides.

Elkeen die we verliezen neemt een deel van ons;
Een sikkel blijft nog staan,
Die als de maan, in een mistige nacht,
Door het getij wordt weggeroepen.

Dino-botten Dorpelingen in de Chinese provincie Henan hebben jarenlang soep gekookt en medicijnen gemaakt van dinosaurusbotten. Ze dachten dat het beenderen waren van vliegende draken met helende krachten. De dorpelingen groeven in twintig jaar zo'n 1000 kilo aan dino-overblijfselen op en verkochten die als 'drakenbotten' voor omgerekend 40 euro per kilo.
Uit: NRC, september 2007.

Dochter In 1997, mijn moeder was 38 jaar dood, liep ik met mijn toen tienjarige dochter over het kerkhof waar mijn moeder begraven ligt.
'Eén ding pap, jij zult nooit weten hoe je moeder er nu uitziet.'
'Jawel hoor, een skelet.'
'Nee, ik bedoel als ze doorgeleefd had.'
Sorry.

Dokter en dood Een van de opvallendste aspecten van de klinische demonstraties tijdens medische colleges was de volstrekt samenhangende wijze waarop de klacht, de diagnostiek, de diagnose en de therapie in een keurig rijtje voorbijmarcheerden. In deze colleges werd ons een gang van zaken voorgespiegeld waarin eigenlijk nauwelijks vragen overbleven. Ik denk dat niets zo vergiftigend is voor jonge slimme geesten als de mythe die hier overhandigd werd.

Het ging om de (overigens niet onaantrekkelijke) suggestie dat een wetenschappelijke analyse van de gebeurtenissen in ons lichaam ons in staat stelt het noodlot te keren. Het verwarrende is dat dit soms inderdaad het geval is, maar in de meeste gevallen niet, en uiteindelijk in alle gevallen niet. Het sterftepercentage van de mens is nog steeds 100 procent.
Ik zeg 'vergiftigend' omdat deze kennis de houding van de toekomstige arts verpest, die denkt dat biochemische supervisie een adequate vorm is van noodlotsbesturing en die vergeet dat een zieke niet alleen in elektrolyten of neuroreceptorbindingsprofielen uiteenvalt, maar dat hij ook een mens in nood is met een kind, of die een kus nodig heeft.
Ik wil u wel een voorbeeld geven.
Niet zo lang geleden zat een dierbare collega van mij tegenover de internist. Zij vertelde hem dat hij een pancreascarcinoom (alvleesklierkanker) in een vergevorderd stadium had. Na drie maanden van onbegrepen ellende was de diagnose rond, volgend op een geleide punctie uit de alvleesklier. Haar tweede mededeling was: u kunt naar huis. Hij keek haar ontzet aan en zei: 'Maar mevrouw, ik kan niet eens meer op mijn benen staan.' Voor haar was het probleem opgelost. Ze wist nu wat het was. Wittgenstein klaagde herhaaldelijk over deze stompzinnige aanbidding van wetenschappelijk gefundeerde analyse.
Ik citeer uit de *Tractatus*:

'6.371
De hele moderne wereldbeschouwing berust op de dwaling dat de zogenaamde natuurwetten de verklaring van de natuurverschijnselen zijn.

6.372
Dus blijven sommigen bij de natuurwetten staan als bij iets onaantastbaars, zoals mensen vroeger bij God en Noodlot. En beide groepen hebben gelijk en ongelijk. De Ouden zijn weliswaar in zoverre duidelijker dat ze een duidelijke begrenzing erkennen, terwijl het bij het nieuwe systeem moet lijken dat alles verklaard is.'

Wat die afsluiting betreft: ik denk dat hij wil zeggen dat de Ouden beseften dat ze niet alles begrepen.
Voor de internist is de hele zaak duidelijk (in haar jargon): pancreaskopcarcinoom, met cholestatische icterus en meta's in de vrije buikholte, resulterend in ascites. Prognose? Maand misschien, of twee maanden. *Alles verklaard.*
Maar wat moet ze dán zeggen?
Nou, 'ik blijf bij u' was mooi geweest. Maar ach, al zou ze het willen, dan nog zou heel het ziekenhuis steigeren bij een dergelijk voornemen.

Donne, John (1) Uit 'Death's Duel', een preek die Donne in 1630 bij het begin van de vastentijd in Whitehall hield voor Zijne Majesteit de Engelse koning. Het was zijn laatste preek en wordt ook wel beschouwd als zijn eigen grafrede.

'That that monarch, who spread over many nations alive, must in his dust lie in a corner of that sheet of lead, and there, but so long as that lead will last, and that private and retir-ed man, that thought himself his own for ever, and never came forth, must in his dust of the grave be published, and (such are the revolutions of the grave) be mingled with the dust of every high way and of every dunghill, and swallowed in every puddle and pond.'

'Dat die vorst, die zich levend over zovele naties uitspreidde, als stof in een hoekje onder een laag lood moet gaan liggen, voor zolang het lood duurt, en dat die teruggetrokken man, die zo graag op zichzelf was, die nooit gezelschap zocht, nu in het stof van het graf de openbaarheid in geduwd wordt en (zo verlopen de omwentelingen van het graf) vermengd wordt met het stof van elke weg en mesthoop, en wordt ingeslikt door elke plas en vijver.'

Zie voor dit meedogenloze vermalen van mensen ook onder 'Hamlet'.

Donne, John (2) Uit een brief aan zijn zus.

'My Noble Sister; I am afraid that Death will play with me for so long, as he will forget to kill me, and suffer me to live in a languishing and useless age. A life that is rather a forgetting that I am dead than of living.'

'Edele Zuster; ik vrees dat de dood zo lang met mij zal spelen dat hij vergeet mij om te brengen, en dat hij mij zal laten verkommeren in een zinloze neergang die eerder een vergeten is dat ik dood ben dan een leven.'

Donne, John (3) 'Er is geen middel waarmee men onderscheid kan maken tussen Koninklijke of Plebejische, of tussen Katholieke en Ketterse resten.'

Dodenlijstje Ik weet niet hoe oud ik toen was, maar ik herinner me wel dat ik vroeger vaak lijstjes maakte van mensen die ik had gekend die dood waren. Het begon altijd met ome Teus en moeder Van Wandelen, buren uit onze straat. Daar kwam al gauw mijn eigen moeder bij. Nu is er geen beginnen meer aan. Bovendien komt er een nieuwe lijst bij van 'vermisten', mensen die ik heb gekend maar van wie ik niet weet of ze nog leven. Ik heb een paar jaar in Engeland gewoond en hoorde laatst van drie mensen dat ze gestorven waren terwijl ze niet eens op mijn lijst van vermisten stonden. Roger Marks verdronken. Mike Tomlinson leukemie. Robert Lee hartinfarct. Het idiote is dat ik bij alle drie probeerde na te gaan of dat een beetje 'klopte' met hun karakter.

Dokteren rond de dood Collega S. over zijn werk als arts in een verpleeghuis. 'Hier moet je leren de handdoek in de ring te gooien. Niet met een sierlijke zwaai. Dat gaat niet. Met een voorzichtig gebaar in de ring leggen is beter. Maar het moet in ieder geval nooit dat nijdige in de ring smijten worden wat ze in het ziekenhuis doen.'
En even later: 'Weet jij eigenlijk waar dat beeld op slaat, de handdoek in de ring gooien?'

Dood en verderf *I aim at the Stars*, een Hollywoodfilm over Wernher von Braun, waar de Amerikaanse stand-upcomedian Mort Sahl aan toevoegde: 'But sometimes I hit London.'

Dood door dolfijn Harald Merkelbach vertelde in NRC van 23 juni 2012 een van de leukste verhalen over dolfijnen. Men beweert dat ze een spartelende drenkeling naar het strand duwen. 'Zoiets bestaat,' zegt hij droog, en vervolgt: 'Je bent geneigd om er de conclusie aan te verbinden dat dolfijnen hulpvaardige dieren zijn. Totdat je je realiseert dat de drenkelingen die door dolfijnen verder in zee werden geduwd het niet kunnen navertellen.'

Dood van Hermans Bij deze naam denkt niemand aan Toon, van wie we niet weten hoe hij stierf.
W.F. dus. Het gebeurde op 27 april 1995. Hermans was sinds kort bekend met uitgezaaide longkanker. Hij werd opgenomen in het Academisch Ziekenhuis in Utrecht. Willem Otterspeer, de biograaf die Hermans meer dan 1700 bladzijden lang volgde, beschrijft hoe dit moeizame leven tot stilstand kwam.

'In Utrecht werd hij met alle zorg en egards behandeld; men gaf hem een kamer, nummer 18 op de afdeling B3, zonder naam van de patiënt op de deur. Er werd een nieuwe pyama voor hem gekocht. Daar kreeg hij, op 27 april, de verlossende injectie. Alleen Emmy en Ruprecht waren daarbij aanwezig. Na het toedienen van de fatale dosis, wendde hij zich op zijn zij, keerde zich af van zijn vrouw en zoon en stierf, eenzaam als alleen Willem Frederik Hermans eenzaam kon zijn.'

Ik kan dit bijna niet geloven. Ik heb een dergelijke scène vele malen meegemaakt, maar ik heb nooit gezien dat een stervende zich in die laatste momenten zo geheel in zichzelf opsloot, integendeel, men houdt elkaar fysiek en geestelijk juist zo goed mogelijk vast.
Otterspeer was er natuurlijk niet bij, maar wat voor belang zouden Ruprecht en Emmy er bij hebben om dit anders te vertellen dan hoe het in feite ging?

Dood zien aankomen Collega H. vertelt over haar man. Hij plaste rood. Bieten gegeten joh! Maar nee, blaaskanker. Ze zegt: 'Ik had het eigenlijk al gezien. Ik zag hem een jaar geleden in de keuken staan en dacht: kanker. Het zou me niets verbazen als jij kanker blijkt te hebben.'

Dit lijkt mij onzin. Het is een manier om de situatie de baas te blijven. Te laten zien dat je niet zomaar je vriend onderuit geschoffeld ziet worden. Je zag het immers aankomen.

En wat bracht jou dit 'zien'? Niks, maar het klinkt alsof je in controle bent.

Dit niet verrast worden heeft allerlei gedaantes. Zo is er het verhaal over de jammerlijk vermoorde Martin Luther King: op de ochtend voor zijn dood stuurde hij zijn vrouw een boeket kunstbloemen. Kunstbloemen! Deed hij anders nooit! Maar dit was natuurlijk bedoeld als een blijvende groet, omdat hij wist dat hij die avond... en dat hij daarna nooit meer!

De misschien wat lullige vraag is: en als ze van tevoren wisten dat ze gingen, wat leverde die kennis dan op? Wat is het voor de omstanders te weten dat de vertrekkenden het wisten? Ik denk dat we niet houden van het willoze dat sterven heeft: denk maar niet dat hij een sufferd is, tot op het laatste moment wist ze wat ze deed, die is heus niet zomaar van de trap af het graf in gevallen. Terwijl dat nu net de manier is waarop de meeste mensen doodgaan, alsof er een kopje uit je handen valt: oeps! Daar gaat-ie. Amor fati.

Doodsrochel Internationaal bekend. *Deathrattle. Rateau de mort. Todeskrachen*. Latijn, voor de gymnasiasten: *rachelachus moribundus*. Het gaat om een snurkerig soort ademen waar stervenden nogal eens toe overgaan. En omdat we

stervenden graag beschouwen als mensen die een of andere zeer moeilijke klus aan het klaren zijn, wordt dat snurken graag geduid als een laatste wanhopige poging van de stervende om zich op te trekken aan de kademuur van het leven alvorens voorgoed onder te gaan in de wateren der vergetelheid. Te illustreren door Doré.
De anatomische achtergrond is aanzienlijk saaier. Verlies van bewustzijn beëindigt spiercontrole zodat je tong naar achteren zakt als je op je rug ligt, met 'de doodsrochel' als gevolg. De remedie is heel eenvoudig en doeltreffend: het hoofd zijwaarts draaien en weg is de negentiende eeuw.

Doodsverlangen 'Eigenlijk vind ik "doodswens" een verkeerde uitdrukking,' zei collega R. Leg maar eens uit, zeiden wij. 'Omdat mensen die dood willen eigenlijk niet dood willen. Wat ze willen is dat dit leven ophoudt, en dat is een heel andere wens.' Hij vindt dat mensen niet kunnen verlangen naar de dood, omdat dood-zijn geen belevenis is. De toestand van er-niet-zijn is onbereikbaar. Omdat je er immers niet meer bent als je daarin terecht bent gekomen.
Vergelijk het maar met 's avonds inslapen. Er is dan geen moment waarop je met grote opluchting kunt constateren dat je eindelijk lekker slaapt, want dan zou je nog steeds wakker zijn. Helaas gaat het bij het Definitieve Inslapen precies zo. Er is geen ogenblik waarin je je nog eens goed kunt uitstrekken in de kist om met kolossale opluchting vast te stellen dat je eindelijk werkelijk overal vanaf bent.
Het is een oud gegeven dat Epicurus al eens bondig formuleerde: 'Waar ik ben daar is de dood niet en waar de dood is daar ben ik niet.' Het lijkt mij onzin. Al maak je het slapen nooit mee, toch kun je ernaar verlangen.

De Oostenrijkse schrijver Jean Améry heeft wel eens geschetst hoe er misschien toch een mogelijkheid bestaat om dit slaken van de allerlaatste postmortale zucht heel erg dicht te naderen. Hij stelde zich voor hoe de aanstaande zelfdoder zich kon verheugen over de ontsnapping aan het mensengeslacht in de vierentwintig uur voorafgaande aan zijn daad: gewoon door zich onvindbaar af te zonderen met de overdosis op zak. In de kist dus, als het ware. Hij heeft het zelf in 1978 ook zo gedaan, maar we zullen nooit weten of daarbij sprake was van enige opluchting.
Ook Schopenhauer bezingt de epicurische afwezigheid van de dood, maar ik kan het citaat niet vinden. Wittgenstein herhaalt het: 'De dood is geen gebeurtenis in ons leven. We beleven de dood niet. Ons leven kent geen einde zoals ons gezichtsveld geen rand kent.' Dat laatste vind ik wel een briljante illustratie. Kijk maar eens naar uw gezichtsveld (bij wijze van spreken) en u ziet dat u niet door uw ogen naar buiten kijkt alsof u door twee gaten heen kijkt. Toen ik dit voor het eerst las bij Wittgenstein viel er een last van me af. Ik was net twintig en had nog weinig meegemaakt op het gebied van doodgaan. Ik ervoer het als een echte ontdekking dat ik mijn eigen dood-zijn niet zou hoeven door te maken.
Ik ben nu vijftig jaar verder en beschouw dit als slimme prietpraat, omdat het belang van je eigen dood slinkt naarmate je ouder wordt. Biologisch is dit helemaal in orde, want een twintiger heeft nog een belangrijke missie voor de boeg in het voortplantingscircus, terwijl een zeventiger als ik die taak er nu wel op heeft zitten. Ik weet dat Mick Jagger daar anders tegen aankijkt, maar we houden het even dicht bij huis.

Wat mij ergert aan Epicurus, Schopenhauer en Wittgenstein is dat ze blijven steken in de vrij loze constatering dat je je eigen dood nooit meemaakt en ze geen woord wijden aan het onthutsende feit dat je de dood van vele anderen wel meemaakt. En hoe. Vrijwel iedereen valt het op dat je met stijgende leeftijd hoe langer hoe vaker naar het kerkhof moet om geliefden weg te brengen. Als iemand dáár nou eens een tekst bij weet te verzinnen waardoor ik op mijn zeventigste net zo lekker wordt opgetild als door Epicurus op mijn twintigste!
Want wat vooral zo opvalt aan doden is dat je nooit meer iets van ze hoort. Hoewel, soms is er een wonderbaarlijke onderbreking in het dood-zijn van geliefden. Collega V. droomde laatst over een vriendin die nu twee jaar dood is. 'Haar oudste dochter is net moeder geworden, van haar kleinkind dus. De nacht voordat we daar op kraambezoek gingen droomde ik over haar. In mijn droom stap ik het huis binnen dat vol is met vrolijke mensen en ineens zie ik haar in het gedrang. Ik loop in onbegrijpende verwondering op haar af en vraag haar: "Maar Mieke, hoe speel je dit klaar? Ik dacht dat jij eigenlijk nogal druk was, met dood zijn dus eigenlijk?" Ze keek me lachend aan en zei: "Luister Gerard, voor sommige dingen moet je gewoon tijd maken."' Hij werd wakker in tranen en voelde zich in tijden niet zo dankbaar.

Doodswens? Meneer C., 62, werkte in de horeca, woonde tot haar dood bij mam, homo, enigszins praktiserend, met vut op zijn 59ste, kocht huis in Thailand voor zijn vriend daar. Wilde zich net voorgoed in Thailand vestigen toen hij – BOEM – een beroerte kreeg met ernstige afasie als gevolg.

Hij is een lange, kale, bleke man, dunne ziel en hij heeft iets snerpends in zijn mislukkende communiceren, of nee, dat snerpende is zijn wanhoop. Je ziet hem als het ware binnen zijn hoofd machteloos tegen de tralies aan vliegen.
Volgens zijn neef wil hij dood. We gaan luisteren:
'Ergens anders – bah bah – en ik krijg mijn ba ba – wat moet moet ba ba godverdomme – maar moet ik in – nou ja, goed, godsiemijne, godsiemijne, help me dan of dit moet ba ba...'
'Wat moet?' vraag ik.
'Dat ik hier – dat moet ik – dat ik ba ba godsiemijne – dat ik niet naar Aals...'
Zijn moeder woonde in Aalsmeer.
'U wilt naar Aalsmeer?'
'Juist – nou maar ba ba – niet wat gezegd – niet wat de positie – niet van de – o God – juist dat is al – ik moet – ik wil – dit leven zonder mij, ba ba, ba ba – nee dat zal wel zo zijn een afscheidsbrief eendere dag – hier lig ik o God dat is andere stekelheid – hier ik lig.'
'Maar is het nu zo dat u dood wilt?'
'Juist ja – nou ja – Godsiemijne – o God help me – help.'
Op zoek naar enig houvast vraag ik: 'Heb ik een snor?'
'Juist ja! – Juist!' Hij wijst met priemende vinger in de ruimte naast mij.
Ik probeerde een mime over de dood. Ik gebaarde: dik been – dikker been – wond – grotere wond – koorts – infectie – ziek – zieker – dood (liet mij dood neervallen op zijn bed). Vond-ie erg amusant en dus riep hij lachend: 'Hoi – hoi.' Weten we nog niks.

Doodswens, de gore variant Het akeligste wat ik in Londen meemaakte toen mijn eerste boek in Engeland uitkwam, was het gesprek met meneer X., een beroemde wetenschapper en columnist. Zijn vrouw was dodelijk ziek. Hij zocht mij op om te praten over haar dood. Hij dacht dat ik wel iets zou kunnen regelen.

'Want ziet u, ik wil dat ze gauw sterft, het is hopeloos. Was ze maar dood, dan kon ik aan het verwerken beginnen.'

Ik had nog nooit naar zoiets hoeven luisteren. Hij wilde over het hele stervensproces heen springen om zijn leven zo gauw mogelijk weer op te kunnen pakken. Hij sprak lyrisch over zijn joggen in Regent's Park.

Doorliggen U kent de STER-reclame wel van een slapend kind of van een volwassene, maakt niet uit, waar de camera een hele nacht boven hangt. Versneld afgedraaid zie je hoe beweeglijk we zijn in onze slaap. Je fietst het hele bed door. Hoe belangrijk dat is blijkt als je bewegingloos in bed ligt. Het kan door verlamming of coma, maar het gebeurt ook in de laatste dagen van een sterfbed, zeker als de stervende onder medicatie zit die rust brengt: morfine en/of een slaapmiddel. Ze liggen dan lekker rustig maar de huid gaat stuk – 'decubitus' is de technische term – omdat bloedvaten worden afgeknepen die voor de huid zorgen. Er ontstaan dan snel doorligwonden die nauwelijks helen en bovendien erg kunnen ruiken, stinken bedoel ik eigenlijk.

Allemaal niet meer nodig sinds de uitvinding van de AD-matras (antidoorligmatras). Hij bestaat uit aaneenliggende banen die om de beurt volstromen met lucht, zodat er steeds een ander stuk huid ontlast wordt. Het is een ongelooflijk zegenrijke uitvinding waarvoor ten onrechte geen Nobelprijs werd toegekend.

Droom Ik doe er één, anders komt er geen eind aan. Het is een droom die ik vele malen droomde, en dat droom ik dus ook, die herhaling.
Mijn moeder is dood. Kist op de grond bij het raam in de voorkamer. Ze heeft wel iets aan, maar geen echt doodskleed. Ik kom dichterbij. Iets of iemand stoot tegen de kist. Ze schrikt op! Dat wil zeggen, haar lichaam reageert. Een oude verschrikkelijke angst bekruipt me. Het is weer zo ver, ik sta WEER (het is de zoveelste keer), bij een lijk dat niet dood is. Het is me al zo vaak gebeurd. Ik weet niet wat we ermee aan moeten. Niet begraven is geen optie. Wel begraven kan helemaal niet! Ik buk, ga naast haar zitten, neem haar hand in de mijne. Dat lijkt wel wat te helpen. God wat haat ik dit. Zou niemand anders het zien dat zo'n niet echt dood lijk een heel speciaal probleem presenteert? Ik heb er nog nooit een oplossing voor gehoord. Wat me zo neerdrukt en wanhopig maakt is het gevoel van: wéér eentje! Want ik heb dit al zo vaak meegemaakt.
(Gaan we duiden? Nabokov heeft het over freudianen die met jeukende eileiders rond zijn fictie fladderen. Er valt hier niet veel te duiden lijkt me. 'Ja, maar dat is juist zo verraderlijk!' Heb ik spijt van al die euthanasieën? Rekenen we goed. Maar wat moet ik daarmee?)

Droomdood Koffiepauze. We hebben het over hoe je 't liefste dood wil gaan.
Lies: 'Tijdens de zaterdagmiddagboodschappen, op mijn tachtigste, hè? Ik voel me niet zo lekker, denk ik, en dan ga ik even zitten.'
'Ja, en dan?'
'Ja, dat is het dan.'

Droomgenezing Meneer C., een krasse tachtiger, vertelt over zijn longkanker. Het gebeurde rond zijn zestigste. Er werden foto's gemaakt en er werd een biopsie gedaan. De diagnose stond vast. En toen kreeg hij een droom.

'Maar dan moet u wel even de tijd nemen, want dan moet ik helemaal vooraan beginnen. Mijn vader was kapitein, hier in de haven, op een sleper. Hij heeft Wilhelmina nog gevaren. Hij had een prachtig blauw uniform met gele galons aan de mouwen en zo.

Affijn, vaak als hij uit zijn werk kwam fietste hij langs de markt en nam dan een visje mee naar huis: scholletje, bokking of haring, of een makreel, en als hij dan thuiskwam was het: jongens, Frans damast op tafel, ik heb een lekker visje meegebracht. Frans damast, dat was ouwe kranten. Dan nam mijn vader zijn dolk, een hele scherpe die hij onder zijn uniform droeg, en sneed de vis heel handig aan de zijkant in, klapte hem open, haalde de graat eruit, en vouwde hem dan weer dicht om hem voor ons in stukken te snijden.

Maar goed, nou die long van mij. Kanker dus. Ik was net zestig. Ik zeg tegen mijn zoon: ik laat er niks aan doen, ik wil geen dokter meer zien, en dat kwam doordat ik droomde dat ik kon vliegen, op een zomerdag, het was boven een veld met gele bloemen, lekker windje en ik zeilde er heerlijk op weg. Komt er ineens een hele sterke wind die me optilt en een wolk binnen blaast. Daar staat mijn vader met zeven mensen en hij maakt mij schoon, met zijn dolk, net als vroeger de vis. Toen hij klaar was vouwde hij mij gewoon weer dicht, precies dezelfde gebaren als vroeger. Hij zei: jij bent weer helemaal schoon jongen, jou kan niks meer gebeuren.

Nou kende ik die zeven mensen niet allemaal. Van eentje wist ik niet wie of dat was. Daar heb ik toen met een zus over gesproken en volgens haar was dat mijn broertje, die vóór mijn geboorte verdronken is, hij was toen vier, in de Oranjesluizen. Ik wist niet eens dat ik een broertje had.'

Duif (1) De vader van vriend D. hield duiven. Soms slachtte hij er een paar. Daarvoor pakte hij hun kop tussen duim en wijsvinger, maakte dan een abrupte slingerbeweging waardoor hij hun nek brak. Boem. Dood.
Vele jaren later werkte D. in de bouw en ze troffen op een zolder een duif in het nauw. Op instructie van D. werd het dier gevangen en aan hem overhandigd zodat hij even kon laten zien hoe je zo'n dier in één handomdraai... Hij pakte de duif zoals zijn vader deed, geeft het dier de benodigde slinger en liet los. De duif vloog meteen op en verdween door het openstaande raam naar buiten, waar hij de mannen vanaf de dakrand aan de overkant met een begrijpelijk scheve kop ging zitten aanstaren.

Duif (2) Een geplette duif op de tramrails. 'Misschien was hij doof,' zei mijn dochtertje, toen twaalf jaar.

Duns Scotus, Johannes In de Minoritenkerk in Keulen zag ik een foto uit 1954 waarop een groep priesters, handen vroom gevouwen, in diepe eerbied staat te kijken naar wat schedelresten die op een witte doek liggen uitgespreid. Het gaat om de herbegrafenis van Duns Scotus (1266-1308) bij de gelegenheid van zijn zaligverklaring.
Op zijn moderne tombe staan zijn woorden:

scotia me genuit
anglia me susterit

gallia me docuit
colonia me tenet

'Schotland bracht mij voort
Engeland ondersteunde mij
Frankrijk onderwees mij
Keulen hield mij'

Uit zijn levensbeschrijving:

'In Parijs begint hij indringender na te denken over het Geheim van de Onbevlekte Ontvangenis. "Er schuilt een verhevener weldaad in de vermijding van het kwaad dan het binnen te laten en zich er daarna uit te bevrijden."'

Maria was volgens dit leerstuk nooit behept met de erfzonde en hoefde daar dus ook niet van afgeholpen te worden. 'Better not to have loved at all,' zegt deze nu al meer dan zevenhonderd jaar dode Schot.
Ik schrijf dit allemaal op om zodoende het tijdstip waarop werkelijk niemand het meer over hem zal hebben, een stukje te verplaatsen.

Duo-euthanasie Veel echtparen koesteren de wens om samen te gaan. En soms lukt dat ook, maar het is een lastig scenario waarbinnen allerlei akeligs op de loer ligt. Het is immers onwaarschijnlijk dat twee partners binnen een relatie op precies hetzelfde tijdstip aan het einde van hun Latijn zijn gekomen. Dat wil zeggen dat de ene dood wil omdat de ander dat wil, wat niet telt als een goede reden voor euthanasie. Want als de ander niet dood had gewild, dan was de ene er nooit over begonnen.

Voorbeeld. Meneer Pietersen is reeds lang dementerend, maar houdt het thuis vol omdat zijn vrouw voor hem zorgt. Ze redden het eigenlijk best samen. Maar dan krijgt zij een onbehandelbare kanker en wil euthanasie. Dat betekent dat hij na haar dood naar het verpleeghuis moet. 'Maar dan wil ik ook dood,' zegt hij. 'Samen met mijn vrouw.'

Heeft die man nu een zuivere doodswens of is het een troebele variant waar we niet op in moeten gaan? Moet hij het leven zonder zijn vrouw, in het verpleeghuis, niet eerst uitproberen zodat we zeker weten dat hij er ongelukkig van wordt? Maar wat zijn zijn kansen om, dement als hij is, het verlies van zijn vrouw te verwerken?

In de praktijk gaat het zo. Man en vrouw krijgen liefst elk een eigen arts toegewezen met wie ze er uit moeten zien te komen. Dat lukt niet altijd, die twee artsen. Maar het gebeuren wordt vervolgens wel beoordeeld door twee verschillende SCEN-artsen. Op die manier probeer je de doodswensen van de twee zo goed mogelijk uit elkaar te plukken. Maar iedereen begrijpt wel dat dat niet echt mogelijk is.

Eenmalig Meisje met een echte levende uil bij *DWDD*. De uil kijkt geboeid om zich heen.

Mathijs: 'Kan-ie echt zijn hoofd helemaal in de rondte draaien?'

Meisje: 'Ja, maar dat kan-ie maar één keer.'

Eeuwig 'Door de eeuwen der eeuwen,' hoorde je vaak in de katholieke kerk. Het leek me erg lang en als je erover nadacht volkomen onbegrijpelijk. Toch zijn we al eeuwen gek op eeuwigheid. Er gaat niks boven iets blijvends. Alles wat voorbijgaat had er net zo goed niet kunnen zijn. Dat zijn twee onhoudbare beweringen, hoewel ik het over die tweede straks nog wel even wil hebben. Niks boven iets blijvends? Bij kiespijn, regen of verdriet is het juist de wetenschap dat het weer voorbijgaat die je op de been houdt. Bij liefde, trouw en roem is de suggestie dat het weer over zal waaien verpestend, treiterig, of misschien zelfs cynisch. Wie zegt er nu tegen een kind dat het onderweg is naar het graf? Ah, we naderen het bezit dat we het meest gretig omhangen hebben, en vaak nog steeds omhangen, met eeuwigheid: ons eigen leven! En dat terwijl de ervaring van alle levende mensen die ik ken vooral is dat het leven heel erg voorbijgaat.

Plato is de eerste filosoof die begrippen als ‘eeuwig’ en ‘onveranderlijk’ op een troon in de lucht zette. En dat niet alleen uit afkeer van het voorbijgaande, maar ook om onze bijzondere aard te benadrukken: wij hebben deel aan iets wat eeuwig en onveranderlijk is. Biologen als Frans de Waal ondergraven dat bijzondere, maar het is nog steeds niet helemaal weg. Raymond Tallis, een Britse arts-filosoof die graag de kachel aanmaakt met de suggestie dat we eigenlijk een soort aap zijn, zei in een interview in *Medisch Contact*: ‘Ik heb niets met het bovennatuurlijke, maar ik bestrijd dat we louter natuur zijn.’ Dat klopt niet. Het klinkt als: ik ben van de drank af, dus drink ik alleen nog de betere Franse wijnen.

Maar je begrijpt wel wat hij bedoelt. In de formulering van Samuel Butler: ‘Er is iets in ons wat zonder ons kan.’ Als katholiek jongetje dacht ik dat God dat was. Later hechtte ik erg aan het idee dat iets als ‘het getal één’ er altijd zou zijn, ook na de laatste mens (Plato). Maar dat ben ik nu weer kwijt.

Wat blijft is de wetenschap dat we niet als de dieren zijn. Wij sterven wel precies zoals dieren dat doen. Maar datgene wat zonder ons kan sterft niet? Blijft het besef dat we geen dier zijn dan overeind na de laatste mens? En wie gaat dat beweren als er geen mensen meer zijn? Shakespeare zei: 'Het is beter een liefde te moeten betreuren dan nooit liefde gekend te hebben.' Is het ook beter geleefd te hebben en te zijn gestorven, dan helemaal nooit geleefd te hebben? Wat is uiteindelijk het verschil als alles wat voorbijgaat er net zo goed niet had kunnen zijn?
Nee, ik snap het ook niet goed, maar ik sta elke morgen zonder enige weerzin op.

Eeuwigheid Dominee Nanne H. over de eeuwigheid: 'De eerste vijfhonderd jaar ga ik vissen. Maar dan?'

Egoïsme Meneer H., 82 jaar oud, komt foeteren over zijn vrouw Willy, 78 en getroffen door een ernstige beroerte. Hij is het zat. Ze moet dood.
'Euthanasie zal wel niet kunnen? Levensbeëindiging dan?'
Ik leg hem uit hoe het zit. Zij vraagt nergens om.
'Dokter, weet u waarom mijn vrouw doorleeft? Puur uit egoïsme! Ja, ze heeft altijd alleen voor zichzelf geleefd, dat was haar kracht, en nu doet ze dat ook. Met mij houdt ze geen rekening. Terwijl ik voor mijn ouwe dag getraind heb, jarenlang intensief aan sport gedaan. Alles wat ik heb opgebouwd aan levenskracht vloeit nu weg bij dit ziekbed. Haar motto is: ik stikken? Dan jij meestikken. Ja, zo is ze.'
Het is ontluisterend, maar je ziet dit vaak bij echtparen als de een langdurig onderuitgaat. Het vreet alles stuk als die ander zich als een drenkeling aan je vastklampt.

Egypte In 2007 reisden we georganiseerd door Egypte. Ze ontvangen daar elk jaar zo'n zes miljoen toeristen en het leegschudden van deze horde is een vaardigheid die tot grote perfectie is ontwikkeld. Vooral bezoekers die voor de eerste keer komen tuinen overal in, wat tot fraaie taferelen leidt voor wie zich een veteraan waant. Hoewel je moet uitkijken, want een mens is nooit zo makkelijk te vangen als tijdens het gadeslaan van andermans val.

In elk museum en elke tempel tref je bewakers aan die bereid zijn 'especial for you, mister Sir' te poseren of een zeldzaam reliëf aan te wijzen, waarbij hun expertise nooit verder gaat dan het samenzweerderig mompelen van 'Anubis' bij een afbeelding van Anubis. Wie denkt dat hij na een dergelijke vriendelijke geste wegkomt zonder betaling die heeft een probleem, want de benadeelde zal deze gewetenloze toerist luidkeels als een onrechtvaardige beschreeuwen tot beloning volgt.

Na aanvankelijke bevangenheid word je hier gaandeweg wat eeltiger van. We kwamen langs een man die achter een muurtje (waarop een hek) zijn ezeltje stond te aaien terwijl het lieve dier bescheiden nibbelde aan wat gras door baasje op muurtje neergelegd. Dit alles met een glimlach zo vals dat je er een sarcofaag mee zou kunnen splijten. Een Egyptenaar die zijn ezel knuffelt is net zo waarschijnlijk als Balkenende in bewondering voor Jimi Hendrix. Fotogelegenheid! Zo was het ook bedoeld, en een reisgenoot schoot rustig zijn plaatjes en kuierde verder zonder te betalen in de wetenschap dat de foeteraar toch niet over dat hek heen kon komen.

En dan word je té eeltig. Halverwege een boottochtje op een faloeka stalde een van de matrozen zwijgend zijn kettinkjes, scarabeeën, briefopeners en ankhs op een kleedje uit. We keken ernaar en dachten: trap ik mooi niet in, en wachtten grimmig af tot hij zijn kleedje, nog altijd zwijgend, weer oprolde. Daar schaamde ik me later zo over dat ik me die middag graag te grazen liet nemen bij de aanschaf van een plastic Anubisbeeldje dat door mijn reisgenoten moeiteloos werd weggezet als kitsch, maar ik héb nu eenmaal iets met Anubis. Deze ranke zwarte jakhals is betrokken bij het mummificeren, maar daarnaast is het zijn taak de ziel in het rijk der doden naar de weegschaal te begeleiden waarop hij gewogen wordt tegen een veer. Anubis weet de weg in de dood, en dat is geen mens gegeven.

Overigens raad ik mummificeren af. Niet vanwege het gedoe (waar je toch niks van merkt) maar vanwege het eindtafereel. Merk je ook niks van, nee, maar anderen zitten er mee als ze uw resten jaren later van onder het prachtige gouden masker tevoorschijn halen. Er gaat in die situatie niks boven een schoon skelet. Een schedel oogt veel draaglijker dan het verwoeste aangezicht van Toetankhamon, wiens gebalsemde hoofd eruitziet als half verteerd door een vreselijk vuur. Of de teentjes van Ramses I, die duidelijk zijn aangevreten door gangreen, zo oogt het althans. Beenderen treffen mij als een vriendelijker embleem van de dood, omdat er geen acute verwoesting in wordt aangeduid.

Op zoek naar heel andere doden bezocht ik een begraafplaats in Luxor. Het duurde even voordat ik mijn bedoeling kenbaar wist te maken aan de receptie van ons hotel. Op termen als *cemetery*, *graveyard*, *burial site*, *place of interment*, *churchyard*, *home of the dead* kreeg ik alleen maar verbaasde blikken. Ten slotte trad een jonge man aan die achter een apart tafeltje in de enorme hal van het hotel ballonvaarten hoopte te verkopen. Het personeel achter de balie legde mijn merkwaardige probleem aan hem voor. Zijn gezicht betrok toen hij mij op lichtelijk meelijdende toon vroeg: 'Do you really want to be buried here?' Nog niet. Maar ik bereikte mijn doel met een plaatselijke taxi nadat ik de magische naam Al Jabbana in woord en sierlijk schrift bij mij had gestoken.

Halverwege het kerkhof pikte de chauffeur een man op met vrouw en twee kleine kinderen. De nieuwe passagier sprak een paar woorden Engels en gidste mij over de rommelige dodenakker, een hobbelig met plastic bekers bezaaid grasveld binnen een lemen muur. De graven bestonden uit een randje leem met soms een 'grafsteen' aan het hoofd, met de naam in het leem gekrast. De meeste graven waren naamloos, maar mijn gids wist precies wie waar lag: 'Here lies young girl, she very sorry dead.'

Dat was mooi gezegd, en ik was helemaal in de stemming om voorgesteld te worden aan Mahmoudh, een oudere heer, die vervolgens op zijn knieën ging bij een graf om luid uit de Koran voor te dragen. Het gebed, als het een gebed was, kwam niet van erg diep want hij hield me goed in de gaten. Hier werd weer een ezel geknuffeld. Na afloop vroeg de tolk mij om geld voor het gebodene. In ongeveinsde verontwaardiging weigerde ik te betalen voor het gebed, maar toen schoot de matroos me weer te binnen met zijn vergeefse kralen. Met een blij gezicht heb ik mijn aanbetaling gedaan. Voor als ik straks de Styx over moet.

Eichmann, Adolf Ik zag een filmopname van Eichmanns proces in Jeruzalem. Hij vertelde iets heel vreemds. Hij was op dienstreis naar Lemberg, waar onder anderen 40.000 joden werden vermoord, en Eichmanns baas in Berlijn wilde weten of alles daar goed ging (het spijt me voor 'goed'), goed ging dus, en hij moest een dienstrapport opstellen. Hij reed er rond en vertelt: 'Da sah ich eine Blutfontäne...' een bloedfontein. Hij legde uit dat er door ondergrondse gisting van al dat bloed uit al die doden ter plaatse zo'n hoge druk ontstond dat het als een fontein uit de aarde omhoogspoot. In Eichmanns brein is dat in ieder geval wel gebeurd: al die doden hebben daar liggen gisten, en spuiten tijdens de rechtszitting in dit bizarre beeld uit zijn ziel omhoog. Uit de film wordt niet duidelijk hoe hier in de rechtszaal op gereageerd wordt.

Eiland der doden In Berlijn zag ik in 2003 eindelijk Böcklins *Todteninsel* (ik zou *Toteninsel* spellen). Het schilderij is veel mooier dan ik dacht. Een kleine teleurstelling: in mijn 'visie' is de witte gestalte die rechtop staat in de boot een ziel die naar dat vreemde eiland gebracht wordt, half rots, half door mens gebouwde muur. Maar ik zie nu op het schilderij, vóór deze gestalte, helaas een lijkkist in de boot. Jammer, want nu zijn we 'gewoon' met een lijk op weg naar een kerkhof – o erg exclusief allemaal –, een exotisch overdreven goed gesitueerd kerkhof, maar niet op weg naar een door mij gedroomd ondoorgrondelijk limbo waar het misschien goed toeven is. Ik dacht dat die witte gestalte een gestorven ziel was.

Erfenis en euthanasie Een van de vele argumenten tegen euthanasie is dat nabestaanden het zullen afdwingen omdat ze niet kunnen wachten op de erfenis. Ik heb daar nooit iets van gemerkt. Omdat de mensen waar ik bij betrokken was

niks indrukwekkends te vergeven hadden of binnenkort toch zouden sterven of zo duidelijk en wanhopig dood wilden dat aandringen overbodig was. Maar een tegenstander zou kunnen zeggen: daaruit blijkt alleen maar wat een naïeve sukkel jij bent.
Was er maar een leven na de dood, dan zouden we ook hier duidelijkheid over krijgen. Hoewel het niet mijn eerste vraag zou zijn daarginds.

Elegant sterven Ergens in de eerste dagen van mei 1886 schreef Emily Dickinson haar laatste brief, aan haar twee geliefde nichtjes Frances and Louise Norcross.

Lieve Nichtjes,
Teruggeroepen.
Emily.

Op 13 mei raakte ze in coma, ze overleed twee dagen later. 'Teruggeroepen' is de correcte vertaling van het oorspronkelijke 'Called back', maar Emily en de nichtjes kenden ook een boek met die titel dat ze alle drie met plezier gelezen hadden. Er schuilt dus een aardige knipoog in haar laatste groet.

Erger Over doodgaan hoor je vaak: kan wel erg wezen en zo, maar níet sterven, nóóit doodgaan, dat is nog veel erger wist je dat? Besef je dat wel?
Klinkt als: opgehangen worden is natuurlijk heel akelig, maar wat denk je van verbranden? De vergelijking moet er denk ik toe leiden dat je van ophangen gaat zeggen dat dat eigenlijk best meevalt. Maar nadat mij is uitgelegd dat niet

doodgaan veel erger is, heb ik nog steeds niet het gevoel dat doodgaan daardoor een makkie is geworden.

Eskimo Ik weet dat we nu Inuit moeten zeggen, maar ik citeer uit Edward B. Tylors *Primitive Culture* uit 1871:

'Cranz meldt dat zekere Eskimo's de gewoonte hebben om de kop van een hond bij een dood kind in het graf te leggen. Want een hond is overal thuis en hij kan het hulpeloze kind helpen de weg te vinden in het land van de zielen.'

Doet even denken aan het paard dat zich, gedood, bij zijn gestorven berijder voegt.

Euthanasie, de onhandige versie Artsen praten er nooit over, maar het gaat natuurlijk ook wel eens goed fout. Collega X vertelde me over mevrouw Y. die op zestigjarige leeftijd terug naar haar Maker wilde wegens een ongeneeslijke longkanker. De beëindiging was gepland voor 3 uur in de middag. Mevrouw had nogal wat cafévrienden en die verzamelde ze om zich heen voor een uitbundige met champagne overgoten lunch in het stamcafé. Kostte een paar centen, 'maar ik ga toch dood' was het motto.
Vervolgens opgetogen en lichtelijk aangeschoten terug naar haar woning met twee intieme vrienden. Ze bood collega X haar arm aan en deze injecteerde netjes de gebruikelijke thiopental. Echter, halverwege de toediening werd ze straalmisselijk en braakte in één golf alle drank en hapjes uit. X realiseerde zich dat de helft van de thiopental er al in zat en drukte haar spuit resoluut verder leeg. Briljante manoeuvre, wat kun je anders? Ja maar dat is niet je eerste reflex als iemand op zo'n moment begint over te geven.

De vrienden waren blij met haar koelbloedigheid. Zijzelf voelde zich er beroerd onder. Helemaal toen een anesthesist haar later voorhield: 'Waarom denk je nou dat wij patiënten nuchter willen hebben voordat we met narcose beginnen?'

Euthanasie en de katholieke bestuurder Jaren negentig vorige eeuw. Zeer katholiek verpleeghuis J. in Amsterdam. Crepeergeval, arts wil de man via euthanasie uit zijn lijden verlossen.
Directeur zegt: 'Als mens, ja, als het mijn vader was, zeker. Maar als directeur: neen.' Voorzitter van het bestuur erbij: ook neen! De voorzitter wilde niets over de patiënt in kwestie horen. 'Want dat is irrelevant, het gaat om het principe immers, begrijpt u.' Hij wees de arts ook op de omstandigheid 'dat dokters vroeger zoiets nooit deden'. Hij eindigde met: 'Als de anderen [bestuursleden] ja zeggen, zeg ik ook ja.' Principe verdampt?
De voorzitter ziet eigenlijk niet in waarom deze doodzieke man niet even naar een ander verpleeghuis kan worden gebracht, zodat men daar dan... Het bestuur wil het vervoer wel betalen.
Wat een zegen evengoed dat Jezus nooit te weten zal komen wat voor cynisch gehuichel zich allemaal onder zijn afgetobde lijf afspeelt. Ja, in elk van de kamers waar dit werd besproken hangt hij aan de muur. Onder de omstandigheden vond ik vooral de bereidheid het vervoer naar elders te betalen een mooi voorbeeld van katholicisme.

Euthanasie in zwakzinnigenzorg Collega A. werkt in de zwakzinnigenzorg. We hebben het over kinderen, of jong-

volwassenen, met aangeboren hersenschade met als gevolg een leefwijze die in het gemiddelde gezin niet te harden is: schreeuwen, zichzelf verwonden, gooien met van alles, agressie en natuurlijk incontinentie. Maar de gedachte aan euthanasie hoor je daar nooit. Komt omdat ze altijd zo geweest zijn. Ouders zijn trots als hun gehandicapte kind zonder hulp zijn luier leegeet.
Dementen in hun laatste stukje doen dat ook nogal eens, poep eten, maar dat is door hun voorgeschiedenis heel andere koek.

Executie in Rome In 1817 woonde Byron een executie bij in Rome. Ik citeer uit zijn brief aan John Murray, 30 mei 1817.

'De dag voordat ik uit Rome vertrok zag ik drie rovers geguillotineerd worden – de ceremonie met de gemaskerde priesters, de halfnaakte beulen, de vastgebonden misdadigers, de zwarte Christus en zijn banier, het schavot, de vele soldaten, de trage stoet, het rappe geratel en de zware val van de bijl, het opspuitende bloed, de verschrikking van de getoonde hoofden – is heel wat indrukwekkender dan de vulgaire en volkse slinksheid van 'the new drop' en de hondse verschrikking die ze Engelse slachtoffers van het vonnis aandoen – twee van de mannen gedroegen zich nogal kalm, maar de eerste van de drie stierf met afgrijzen en weerzin, het was erg akelig, hij weigerde te gaan liggen, vervolgens was zijn hals te groot voor het gat en de priester moest zijn geschreeuw zien te overstemmen met nog luidere bezweringen, het hoofd was eraf voordat het oog de slag kon volgen, maar door een poging om het hoofd terug te trekken, hoewel het naar voren gehouden werd aan het haar, werd het eerste hoofd ter hoogte van de oren afgesneden, de andere werden veel gaver gesneden.'

(De 'new drop' betrof een ophangingsmethode waarbij men niet één galg bouwde, maar meerdere mensen tegelijk ophing aan één lange balk. Het gebeurde voor het eerst in 1783 in Newgate Prison.)

Executie in Parijs Vijftig jaar na Byron woonde ook Toergenjev een executie bij, in Parijs in 1869. Het verslag staat in *Tafelen bij Magny* (Oorspronkelijk: *Dinner at Magny's)* van Robert Baldick, een fascinerend boek waarin hij de tafelgesprekken beschrijft die in de jaren 1862-1872 gevoerd werden in restaurant Magny door Toergenjev, Flaubert, George Sand, Sainte Beuve, Taine, Gautier, Renan en de gebroeders Goncourt.
Toergenjevs beschrijving beslaat twaalf pagina's. Het ging om een bijzondere uitnodiging om in een select gezelschap de executie van een moordenaar bij te wonen. We komen binnen op het moment dat de haren van de veroordeelde geknipt worden.

'Dikke lokken donkerbruin haar vielen op de grond, en een ervan rolde tegen mijn schoen aan. Ik kon mijn ogen niet afhouden van de slanke, jeugdige nek die door de schaar bloot kwam, en stelde mij een lijn voor die daar dwars overheen liep. Daar, dacht ik, zal over een paar minuten een bijl van vijfhonderd pond neerkomen, en dwars door de aders en spieren snijden, en toch zag de nek er zo glad en wit en gezond uit, alsof hij nergens erg in had.
Eindelijk was het haarknippen voorbij. De veroordeelde

stond op en schudde zijn hoofd. De beul nam hem bij de elleboog, monsieur Claude zei: "Laten we gaan!" en we liepen allemaal de binnenplaats van de gevangenis op. Zodra we de drempel over kwamen hoorden we het geluid van de menigte, een onafgebroken oorverdovend lawaai. De veroordeelde hupte voorwaarts omdat zijn boeien hem het lopen bemoeilijkten. Plotseling openden de twee helften van de poort zich voor ons als de enorme bek van een dier. Een reusachtig gehuil steeg op uit de massa; eindelijk kregen ze te zien waar ze op hadden gewacht, en wij zagen hoe het monster van de guillotine ons met zijn twee slanke, zwarte staanders en schuine bijl aanstaarde. Ik voelde mij plotseling koud en misselijk en mijn benen begaven het. Toen ik naar de veroordeelde keek, zag ik hem terugdeinzen, zijn hoofd achterovergooien en door zijn knieën zakken, alsof iemand hem een slag op de borst had gegeven. "Hij valt flauw," fluisterde iemand, maar hij herstelde zich onmiddellijk en hupte verder. Diegenen in ons gezelschap die zijn hoofd er af wilden zien rollen, renden voor hem uit naar het plein, maar ik had er de moed niet toe en bleef bij de poort staan. Op het linker deel van het platform zag ik de beul plotseling als een zwarte toren omhoogrijzen. Ik zag de veroordeelde de twaalf treden naar de guillotine op klauteren, terwijl twee mannen van weerszijden op hem af schoten als spinnen op een vlieg. Plotseling zag ik hem voorovervallen en met zijn hakken in de lucht trappen.

Op dat moment draaide ik mij om, terwijl de grond onder mijn voeten op en neer golfde, en wachtte gedurende een naar het mij leek verschrikkelijk lange tijd, hoewel men mij later vertelde dat er slechts twintig seconden waren verstreken tussen het moment dat de moordenaar zijn voet op de eerste trede van de guillotine zette en het moment dat zijn onthoofde lichaam in de mand werd geworpen. Ik merkte op dat het gebulder van de menigte zich, om zo te zeggen, tot een kluwen had opgerold, en er een ademloze stilte over alles was neergedaald. Voor mij stond een schildwacht, een jonge kerel met rode wangen, die me onthutst stond aan te kijken. Ik had nog net tijd genoeg om te bedenken dat hij waarschijnlijk uit een keurig, gezagsgetrouw gezin van het platteland kwam, voordat ik het geluid van hout op hout hoorde – het werd veroorzaakt door het bovenste deel van het juk, met de gleuf erin voor het mes, dat boven de nek van de moordenaar op zijn plaats viel. Daarna schoot er plotseling iets met een dof gegrom naar beneden en eindigde abrupt met een plof... Het klonk als het braken van een of ander reusachtig dier... Ik voelde me duizelig en alles draaide voor mijn ogen. Ik zou waarschijnlijk zijn flauwgevallen als monsieur Claudes assistent mij niet bij de arm had gegrepen en me een glas water had aangeboden. Maar ik sloeg het af en ging terug naar de binnenplaats van de gevangenis, die een toevluchtsoord leek voor de gruwelen buiten de poorten...'

Tekenend voor Toergenjevs angst is dat hij zich aangestaard voelt door de guillotine, die, zou ik zeggen, in de verste verte niet lijkt op iets wat je aan kan staren. Of de beul die 'als een zwarte toren omhoogrijst'. Nee, Toergenjev hoorde niet bij de kiene geesten die het hoofd er af wilden zien rollen. Ging er met zijn rug naartoe staan.

Facelift Onder elk gelaat zit een schedel. En een facelift, hoewel de andere kant op bedoeld, werkt vaak als een vervelende pijl richting graf. Hoe vaker je gelift wordt, hoe duidelijker de schedel opdoemt onder de huid.

Faulkner, William Op de vraag of zijn werk een mythe of legende over het Amerikaanse Zuiden genoemd zou kunnen worden antwoordde Faulkner: 'Het Zuiden is niet zo belangrijk voor mij. Het menselijk leven is overal dezelfde paniekerige hordeloop naar niets en de mens stinkt dezelfde stank in kan niet schelen welke tijd of plaats.'
Uit: *The New York Review of Books*, 7 maart 1991.

Filosofie voor stervenden? (1) Toen ik in het verpleeghuis begon was ik bang voor stervende patiënten. Ik ging er liever niet heen, want ik dacht niks te kunnen doen. Bovendien zou mijn aarzelende aanwezigheid alleen maar frustrerend kunnen werken op de mensen die eromheen stonden, omdat ik immers de belichaming was van een nu definitief mislukt initiatief: de genezende arts.
Filosofie heeft mij niet geholpen om een dokter te worden die zich op betekenisvolle wijze weet op te stellen rond een sterfbed. Ook niet een beetje? Nee.
Het waren verpleegkundigen die mij op heikele momenten een duw in de rug gaven, zodat ik in sterfkamers belandde met een geheel nieuwe diagnostische opdracht die bestond in de vraag: wordt hier goed, of tenminste draaglijk, gestorven?
Door de jaren heb ik geleerd dat sterfbedden voor de vertrekkenden en voor de omstanders unieke ervaringen zijn. Ik bedoel hiermee dat je een sterven maar één keer kunt doen. Wat er gebeurt is onherhaalbaar, onherstelbaar en soms levenslang ellende gevend. Want je sleept de overlij-

dens van wie je lief waren mee naar je eigen einde, vandaar dat ik mensen vaak hoor verzuchten: 'Als ik maar niet ga zoals...' en dan komt er een of ander spookverhaal waarin hun man, vrouw, vader, of moeder er pas na een even grimmige als zinloze worsteling met hightechgeneeskunde in slaagde om zwaar gehavend de dood in te ontsnappen. Zo hoeft het niet.

Een sterfbed is een geïmproviseerd drama waarin de zieke, de familie, de hulpverleners en de dood allemaal hun rol hebben. De sterfbedbegeleider moet proberen naar de laatste scène toe te werken waarin de zieke, de familie en de dood gedrieën bijeen zitten en in alle rust hun kaarten op tafel leggen. Dat is niet niks, maar het is niet onmogelijk. Je moet dan wel elke dag langsgaan, want er zijn steeds ontwikkelingen: een kleinzoon belt onverwacht dat hij uit Canada wil overkomen, iemand komt met Lourdes-water of iets alternatiefs, trombose dreigt, men wordt ongeduldig omdat het te lang duurt, er is een neef die nadere diagnostiek wil, in Zwitserland zou deze ziekte wél behandeld kunnen worden, kortom, elke dag worden de stukken verplaatst.

Er moet één arts zijn die de boel schraagt. Waarneming kan niet, maar als het dan toch moet, zorg dat je waarnemer grondig geïnformeerd is, want niets is zo erg als halverwege een stervensdrama opnieuw te moeten beginnen met een onwillige regisseur die het niet echt snapt. Eigenlijk is de boel dan stuk.

Dit is geen vaardigheid waar je op familiefeestjes veel over kwijt kunt, maar er bestaat geen bevredigender ervaring dan een lijdend mens op liefdevolle wijze een draaglijke landing in het graf te bezorgen waarna de omstanders niet onnodig verscheurd hoeven verder te leven.

Filosofie is hierbij net zo relevant als klassieke muziek. Dat wil zeggen: in sommige gevallen van groot belang, voor de stervende, als die een bijzondere genegenheid had voor filosofie of klassieke muziek. Ik heb een mevrouw gekend die in haar laatste weken vrijwel onafgebroken luisterde naar Bachs *Die Kunst der Fuge*. Na haar overlijden kreeg ik als aandenken van de familie de cd aangeboden, waar ik op grond van een mij niet helemaal duidelijke angst uitdrukkelijk nooit naar geluisterd heb.

Of is het doodsangst? Nou, dank u wel.

Maar de rol van deze fuga's kan in een ander geval door André Hazes gespeeld worden of door een geluidsbandje van het carillon van de Amersfoortse Onze Lieve Vrouwetoren als je daar tenminste, zoals ik, pal onder geboren en getogen bent.

Hebben filosofen iets aan filosofie op hun eigen sterfbed? Russell stierf op 98-jarige leeftijd aan een griepje. Het verkleinwoord verraadt al dat er weinig gedrentel rond het graf aan voorafging. Wittgenstein stierf in 1951 op 62-jarige leeftijd aan prostaatkanker. Tijdens zijn allerlaatste weken beleefde hij een ook door hemzelf als wonderbaarlijk geschenk ervaren opleving van zijn filosofische vermogen. Het resultaat was een aanzienlijk deel van wat later gepubliceerd zou worden onder de titel *Über Gewissheit*, dat echter geen zwanenzang is in het zicht van de dood, maar een briljante verhandeling over wat er aan de hand is als we zeggen: 'dat weet ik zeker'. De dood is er in geen velden of wegen in te bekennen.

Richard Rorty stierf in 2007 op 75-jarige leeftijd. In zijn laatste maanden las hij veel poezie en kort voor zijn dood schreef hij daar iets over:

‘Ik denk nu wel eens: had ik maar wat meer van mijn tijd besteed aan poëzie. Niet omdat ik vrees belangrijke waarheden te hebben misgelopen die niet in proza kunnen worden uitgedrukt. Zulke waarheden bestaan niet; er is niets rond de dood wat Swinburne en Landor wisten, maar wat Epicurus en Heidegger niet konden bevatten. Het is meer dat ik een voller leven gehad zou hebben als ik in staat was geweest om meer oude bekenden op te dreunen – dat was trouwens ook zo geweest als ik wat meer persoonlijke vrienden had gemaakt.’

Geen filosofie dus.
Het toppunt van filosofisch sterven is door Plato beschreven in de *Phaedo*, waarin Socrates op de rand van de eeuwigheid koeltjes blijft doorredeneren over de onsterfelijkheid van de ziel, waar het gezelschap overigens niet goed uit komt. Maar zelfs daar breekt het zonnetje door als Socrates ophoudt met redeneren en een verhaal begint te vertellen over de lotgevallen van de ziel na de dood. Als je dit verhaal leest, vol woeste landschappen en diepe kloven in de rotsen waar de zielen van boosdoeners in geworpen worden, denk je onwillekeurig: Tolkien.
Socrates herneemt zichzelf dan ook als hij ter afronding zegt:

‘Verstandige mensen weten natuurlijk wel dat het niet precies zo zit. Maar dat ons na de dood iets te wachten staat wat hier veel van weg heeft lijkt mij een redelijke aanname met het oog op de onsterfelijkheid van de ziel. Het is misschien nogal gewaagd om hierin te geloven, maar een dergelijk waagstuk verdient respect. We moeten dergelijke verhalen gebruiken om onszelf vertrouwen te geven.’

Maar nu zijn we weg van de filosofie en zitten we als kind bij moeder op schoot naar verhaaltjes te luisteren voor het slapengaan. Had LaRochefoucauld dan toch gelijk toen hij schreef:

'Le soleil ni la mort ne se peuvent regarder fixement.'
'Men kan de zon noch de dood recht in het gelaat zien.'

Filosofie voor stervenden? (2) Ook in Californië, waar ik heel even gastdocent was in Berkeley, probeerde ik duidelijk te maken dat er nergens zo beroerd 'gefilosofeerd' wordt als in een sterfkamer. Een student stond op en zei: 'Daar ben ik het helemaal niet mee eens, want toen mijn vader stierf had ik zo sterk het gevoel van een vertrek, van een weggaan, dat de notie van een aankomst elders zich onontkoombaar aan mij opdrong.'
Waarop ik natuurlijk niet durfde te zeggen: 'Kijk, dat is nou precies het gezwets waar ik op doel.'

Foto Op de schoorsteen bij de familie B. stond een fototje waarop hun dochter als klein meisje was afgebeeld, spelend op het graf van haar grootouders. Een toevalsfoto, genomen tijdens kerkhofbezoek op een zonovergoten zomerse zondag. Jaren later stierf ze veel te jong aan kanker en ze werd in dat graf begraven. Na haar dood borg haar moeder de foto ergens diep weg.

Foto's W. heeft een hekel aan foto's op graven. Een te grote leugen.
De tegenspraak met wat eronder ligt.
Of misschien doet het hem te zeer denken aan wat eronder ligt.

Fris Emil Cioran in *Aveux et Anathèmes*: 'Men sterft sinds onheuglijke tijden en toch heeft de dood niets van zijn frisheid verloren.'
Helaas voegt hij daar aan toe: 'Het is daar dat men het geheim der geheimen aantreft.'
Ik hou niet van geheimen als het over iets anders gaat dan iets wat verzwegen wordt.

Gerhardt, Ida De eerste regels van 'Dankzegging':

Ik houd het linnen blank, maar als ik in de laden
de geurige stapels strakker schik
treedt Gij soms achter mij.

Die onloochenbare, maar heel subtiel aanwezige 'Gij' is de dood dacht ik. Maar volgens mijn vrouw is het haar gestorven geliefde, die in het verleden de linnenkast deed.
Niet iedereen heeft het altijd over de dood, godzijdank.
Mijn vergissing doet denken aan het bij zeer katholieke mensen ondergedoken joodse jongetje dat rond Sinterklaas een plaatje te zien krijgt van een driewielertje. Op de vraag 'En wat zien we daar nu?' antwoordt hij: 'Ik zie een leuk fietsje, maar het zal het kindje Jezus wel weer zijn.'

Geschiedenis als les Bill Molden: 'Wat hebben we geleerd van de Tweede Wereldoorlog? Hoeveel bloed er uit een menselijk lichaam kan komen.'

Goeroe Christopher Isherwood vertelt in *My Guru and his disciple* hoe Swami Prabhavanada tijdens een aardbeving in Californië rustig in zijn badkamerdeur bleef staan en bij

zichzelf dacht (in het Sanskriet): als Krishna redt, wie kan er dan doden? Als Krishna doodt, wie kan er dan redden?
Het deed me denken aan: 'Hij bouwt vergeefs, die bouwt zonder God.'

Gool, Professor Van Ik las zijn rouwadvertentie (1925-2005). Hij waarschuwde ons rond het C3-examen (afronding van je kandidaats) voor zijn onbekendheid met, en dus de onaanvaardbaarheid van, de C-dritis, een ziektebeeld dat studenten nogal eens overviel rond dit examen.
Tijdens het examen verborg hij zich met een enorme sigaar achter *De Telegraaf*. We zaten allemaal te zweten op zijn opgaven toen na nog geen twintig minuten een jaargenoot in wanhoop besloot om de zaal maar weer te verlaten, want het werd toch niks.
Van Gool blikte hem na en zei op daverende toon: 'Een genie!' We lachten allemaal, stelletje lafbekken.
Er stond ook een advertentie in de krant die was geplaatst door zijn vroegere collega's uit het academisch ziekenhuis. Ik telde zeventien namen. Het moet sommigen vreemd te moede geweest zijn op deze wijze nog een keer bij elkaar te gaan staan rond een dode. Je komt dan immers moeilijk weg bij het besef dat ze zich binnenkort ook zo rond jou zullen opstellen. 'Met leedwezen.'

Graf (1) Op Zorgvlied trof ik mevrouw S. bij het graf van haar de week ervoor overleden broer. Ze was niet uitgenodigd voor de begrafenis. Nu bezig de linten van de kransen uit het zand omhoog te pulken om te zien wat erop stond.

Graf (2) In Achterveld werd een herdenkingsdienst gehouden voor 325 jaar doden, want zo oud was de parochie. De belangstelling was overweldigend en er was zelfs een rondgang over het kerkhof, die werd afgesloten met de mededeling in het programmaboekje: 'Hierna gaat ieder naar het "eigen" graf.'

Graf (3)

Het koningsgraf
Met een gezicht uit zuiver goud geslagen,
Zoals herinnering mij heeft gebeeld
Naar al de nachten dat wij samen lagen
En lach en traan gelijk hebben gedeeld,

En mond aan mond en oog in oog verzonken
De adem en het licht hebben gemengd,
En van die volle liefdesbeker dronken
Ons aan elkanders hart hebben verzengd;

Naar die herinnering, in goud gedreven,
Lig ik onder het masker van mijn dood
Te zuchten en onzichtbaar voort te leven
In hunkring naar de diepten van uw schoot,
En 'k tast het duister van mijn koningsgraf
Met lichteloze gouden blikken af.

Bertus Aafjes

Grafrede van Hans Keizer De kortste grafrede ooit ontlokte ik per ongeluk aan mijn neef Hans Keizer bij het overlijden van zijn moeder. Na mijn futloze half grappig bedoelde: 'Wie weet wat haar bespaard is gebleven!' antwoordde hij bijna nijdig: 'Niets!'

Grafrede van Jan I. Jan I. was jaren bij ons opgenomen na een beroerte. Door de hersenschade was hij emotioneel ontremd. Hij zat jarenlang veel te dicht op zijn tranen. Zelfs zijn lachen ging al gauw over in vreselijk huilen als je hem iets grappigs vertelde. Het is een bekend fenomeen na hersenschade, wat het overigens niet minder erg maakt.
Een van zijn medebewoonsters, mevrouw Van de R., was plotseling gestorven en na de mis in de kapel mochten mensen iets zeggen. Jan hobbelde naar voren en ik hield mijn hart vast, want dit kon gewoon niet goed gaan. Eenmaal bij de microfoon aangekomen kon hij alleen maar brullend roepen: 'Julia! Zoals je daar ligt! Dat heb je niet verdiend!' waarna hij snikkend neerzeeg en door twee zusters op de been moest worden geholpen.
Toen hij zich naar voren begaf dacht ik: o God, laat iemand hem tegenhouden. Maar nadat hij zijn pijn geschreeuwd had vond ik hem veel overtuigender dan de oudste zoon, die het allemaal met een plichtmatige opsomming van zich af zette.

Grafrede van mevrouw G. Mevrouw G. is al jaren in ons verpleeghuis opgenomen. Een beroerte heeft alle krullen uit haar gevoelsleven verwijderd, lijkt het wel. Ze is altijd vlak, grijs, constateerderig, deurwaarderachtig. Haar zoon kwam elke vrijdag met zijn omvangrijke vrouw fruit brengen. Hij was zelf ook nogal buikig en gek op zware shag. Toch hadden ze een kind, dus ooit moeten ze er in elkaars ogen erg

anders uitgezien hebben. Hij is plotseling gestorven. Op het toilet, in het zwembad waar hij al zijn dagen sleet als coach, badmeester, verzorger, bespieder, betaster of aftrekker rond al die jeugdige zwemmertjes en zwemstertjes.
Ze zal wel diep geschokt zijn, dacht ik, want je kind tenslotte, maar ze spreekt een korzelige grafrede: 'Hij is ervanaf. Mooi gegaan, toch? Hij heeft genoeg gewerkt. Hij zat altijd in dat zwembad van 8 uur 's morgens tot 10 uur 's avonds, want hij wou niet graag bij zijn vrouw zijn.' Waarna ze van mij wegdraait in haar rolstoel, en de gang in rijdt.

Grafschrift

Voor altijd in ons hart?
Voor altijd in de grond.

Iedereen houdt van dit soort humor, die op het kerkhof echter nooit wordt gepraktiseerd.

Grafsteen Bericht uit de familie: 'Ten slotte willen we laten weten dat het graf van opa en oma Keizer na 1 januari geruimd gaat worden. De drie nog levende kinderen (oom P., tante G., tante N.) hebben laten weten dat het niet verlengd hoeft te worden. De kerkhofbeheerder wil weten of iemand van de familie de grafsteen nog wil hebben.'
Mijn broer en ik dachten allebei: die wil ik wel hebben. 'Nou nog een kist erbij,' zei mijn broer, 'en je hoeft je ogen alleen nog maar te sluiten.' Maar onze vrouwen dachten daar anders over, zodat de steen nu bij mijn broer achter in de tuin staat onder het motto: totdat Bert hem komt halen.
Dat de drie nog levende kinderen (allemaal boven de 95 jaar

oud) hebben laten weten dat de grafrechten niet verlengd hoeven te worden, vind ik wel geruststellend. Kennelijk houd je er een keer mee op je zorgen te maken over je dode ouders, of ze wel goed liggen, het niet koud hebben en zo. Maar het is ook beangstigend dat je er een keer mee ophoudt überhaupt te denken aan die botten. Zo'n skelet verliest over de jaren alle warmte.
Opa was van 1869, opoe van 1871. Ze hebben allebei nog met mensen uit de tijd van Napoleon gesproken.

Grof Ik spoot bij mevrouw D., 90 jaar en eindelijk stervend, mijn sederende medicatie in, morfine en dormicum. De zoon, een grofgebekte, platte, onverschillige man, beet mij toe: 'Levensverlengend?' Lang woord, dacht ik, misschien is hij niet eens zo grof. Ik legde uit dat ik het haar makkelijk aan het maken was. Hij liep schamperend weg. 'Je ken mij nog meer vertellen,' zei zijn rug.
Krijg de kuthik met projectiel braken uit twee neusgaten, dacht ik.
Hij was wel zo flink om het verdere sterven door zijn vrouw te laten gadeslaan terwijl hij zich terug naar de kroeg spoedde. 'Bel straks maar,' zei hij tegen haar. Mannen vinden, vonden, dat al dat gedoe rond doodgaan en geboorte maar door vrouwen doorstaan moet worden.
Op de gang werd ik getroost door zuster Mieke, die mij bezwoer: 'Ze ligt op een matras tegen doorligwonden die zo goed werkt dat Onze-Lieve-Vrouw van Fatima van jaloezie haar aureool opvreet.'

Haalbaar Meneer D., midden vijftig, praat over de dood. 'Als ik me redelijk voel, of goed voel zelfs, het gebeurt wel eens, dan lijkt ook de dood volstrekt haalbaar. Hoort er nou eenmaal bij, alsof het om een regenachtige dag gaat in de zomer, waarop je je gewoon een keer binnenshuis moet zien te vermaken.'

Haar Uit Michel van de Plas' *Mijnheer Gezelle* (1990):

'Hij had enkele opvallende voorkeuren. Een ervan was zijn devotie tot de Kortrijkse Reliek van het Heilig Haar, waarvan werd aangenomen dat het het haar van de gestorven Christus was. Het was voornamelijk aan zijn studies te danken dat de devotie tot die relikwie herleefde en de aloude processie ter ere van dat Heilig Haar weer opleefde.'

Je vraagt je af wat Gezelle dan bestudeerde om tot de conclusie te komen dat het hier wel degelijk om Jezus' haar ging. Haar blijft wel lang toonbaar, dus is het mooi relikwiemateriaal. In elk geval beter dan een traan, bloed, voorhuid of tong.

Halverwege Collega S. werd 56. Ik was toen zelf midden dertig en was benieuwd of het steeds erger wordt met 'het klimmen der jaren'. Dus ik vroeg hoe het ervoor stond nu hij, laten we zeggen, halverwege was.
'Ik kan mijn wieg nog net zien,' zei hij, 'maar als ik de andere kant op kijk flikker ik bijna meteen het graf in.'
'Maar jij vindt het leven toch niks?'
'Zeker, en ik wil dat graag blijven vinden, maar als ik dood ben dan vind ik niks niks.'

Hamlet Dat nietsontziende postmortale vermorzelen van een mens was aan het eind van de zestiende eeuw precies even fascinerend als nu. John Donne propt een monarch die over de wereld heerste in een loden kist en verstrooit een in zichzelf gekeerde man gewoon over de straat. Dit half ontzette, half geboeide staren naar wat er straks gebeurt met onze lichamen heeft iets van het konijn dat onmachtig in de naderende koplampen staart.

Hamlet, vijfde bedrijf, eerste tafereel.
Hij is met vriend Horatio op het kerkhof, ze hebben net de schedel van de arme Yorick gevonden, die door Hamlet een beetje tartend wordt toegesproken in de trant van 'waar zijn je geintjes nou? had je nog wat?' waarna de lastige prins zich tot zijn vriend wendt:

Hamlet: Zeg jij eens wat, Horatio.
Horatio: Wat?
Hamlet: Zou Alexander er ook zo uitgezien hebben in de grond?
Horatio: Ja, precies zo.
Hamlet: En stonk hij ook zo? (Legt schedel schielijk weg.)
Horatio: Yep.
Hamlet: Waar gaan ze ons voor gebruiken straks? Waarom zouden de zogeheten 'nobele resten' van Alexander, als je er even over nadenkt, niet geëindigd zijn in een plug om een regenton dicht te stoppen?
Horatio: Niet over nadenken Ham, je denkt te veel na.
Hamlet: Helemaal niet. Luister hoe zoiets gaat: Alexander is dood, hij wordt begraven, hij wordt stof, dat wordt aarde, van aarde maken we klei en van die klei maken we een stop

om een biervat mee af te sluiten. De machtige Caesar, dood en klei geworden, houdt een gat dicht om de wind tegen te houden. Dus de aarde die ooit de wereld deed sidderen vult nu een gat in een muur tegen de tocht.

Hardy, Thomas Er is een regel van Hardy waarin hij met kenmerkende flegmatiek iets ontstellends beweert:

'Since life has bared its bones to me.'
Sinds het leven mij zijn botten toonde.

Haverschmidt, François Uit het tijdschrift *Doodgewoon*, winter '97-'98: 'Aan de krassen die hij met zijn schoenen op het beschot van zijn bed heeft gemaakt, was te zien dat zijn laatste strijd een moeilijke was. Op vrijdag 19 januari 1894 om 10 uur 's ochtends hing hij zich op aan het gordijnkoord van zijn bedstee.'
Lijkt mij verlekkerde onzin, toch?

Heelal 'De Leo-ring, een reusachtige ring van waterstofgas in het sterrenbeeld Leo, is het resultaat van een vroegere botsing tussen twee sterrenstelsels.' (*NRC* Wetenschap, 11 juli 2010)
Als wij met onze aarde verpulverd worden in zo'n gebeurtenis (je vraagt je af hoe dat eruit zou zien vanuit het keukenraam), dan is het in veel meer opzichten dan we denken over en uit. Want als er nergens meer in het heelal iemand bezig is na te denken over botsingen van sterrenstelsels dan gebeuren die ook niet meer. Het heelal is dan het woud waarin niemand luistert en waar het maar de vraag is of die omvallende boom een geluid maakt.

In welke zin is iets gebeurd als niemand het weet? Als wij met de aarde verdwijnen dan houdt het heelal op.
Voor wie dit liever niet wil was er ooit God, die immers altijd alles blijft zien. Bleef zien.

Hel Hoewel katholiek opgevoed heb ik nooit veel last gehad van de Hel. Ik was dan ook echt verrast door het diep snijdende venijn dat sprak uit de Hel die een jezuïet schetste in Joyce's *A Portrait of the Artist as a Young Man*. Zoiets hadden wij helemaal niet. Wij waren kleine katholieke middenstand, ook in het zondige. Er was natuurlijk wel een Hel, maar wie daar in zaten, dat waren Donkere Sterren als Judas, Hitler, en Goebbels. Dat niveau van slechtheid lag ver boven onze status. Wij zouden bij een slechtheidwedstrijd niet eens durven mee te doen als dergelijke grootheden zich meldden.

Hemel Gesprekje in verpleeghuis. Ik vertel mevrouw R. dat het mij zeer onwaarschijnlijk lijkt dat ze de hemel binnenkomt: 'Ik denk niet dat ze jou daar binnen zullen laten, Julia.'
'Weet ik wel. Daarom ga ik dood op een vrijdag, dan is Petrus altijd vissen. Hou me maar goed in de gaten op vrijdagen.'

Hersendood Ik heb er geen diepe studie van gemaakt, maar persoonlijk ben ik blij met de orgaandonatiewet, ook omdat je er vrij makkelijk onderuit kunt. Er bestaan allerlei geruchten rond orgaantransplantatie en de bekendste is dat je er naast dat nieuwe hart of die nieuwe nier gratis een stukje geest van de donor bij krijgt. Zo kun je van vegetariër een

hamburgerfanaat worden, want de meeste organen komen van motorrijders (*donor cycle*).
Belangrijker en veel hardnekkiger is de angst dat ze beginnen je organen weg te halen terwijl je nog niet echt dood bent. Het engste verhaal gaat zo: 'En net voordat ze wilden beginnen met het verwijderen van de organen zag haar moeder een traan in haar linkeroog, en toen, en toen... En nu is ze moeder van vijf kinderen en hoogleraar innovatie-trajectologie.'
Het vervelende is dat er een goed gedocumenteerd geval is waarin precies dit gebeurde. Ze heet Esmee Feenstra en je kunt haar verhaal beluisteren op YouTube.
Probleem is dat we met de toegenomen fysiologische kennis moeilijk meer kunnen vasthouden aan doodgaan als een ogenblikkelijke gebeurtenis. Ooit verliet de ziel het lichaam, en daarmee basta. Maar zo gaat het niet. Al in mijn eerste studiejaar kreeg ik tijdens het college cytologie te horen dat de flagellen op de slijmcellen in de grotere luchtwegen tot 24 uur na overlijden bezig blijven om slijm naar boven te zwepen. Nee, ons lichaam is te zeer een enorme Titanic die heel geleidelijk kapseist voordat de wateren zich er definitief boven gesloten hebben.
Maar als je naast een traumatisch sterfbed staat dan wil je als antwoord op je vraag of je geliefde overleden is niet te horen krijgen: 'Half – eigenlijk wel – maar ook een beetje niet.' Is ze nou dood of niet? Er is helaas, of gelukkig maar, een grijs gebied waarin het schip dan wel gekapseisd is, en niet meer te redden, maar waarin het nog wel duidelijk boven het water uitsteekt.
Om te ontkomen aan paradoxale kwalificaties als 'nog niet helemaal dood' is het hersendoodprotocol opgesteld. De

Stichting Bezinning Orgaandonatie heeft bewerkstelligd dat de overheid bij donorwerving niet mag stellen dat het gaat om iets wat 'na mijn overlijden' relevant wordt, maar 'na uitvoering van het hersendoodprotocol in het ziekenhuis'. Dat is een enorm verschil en het lijkt mij zinvol dat dat benadrukt wordt. Probleem is echter dat het hersendoodprotocol voor een leek niet makkelijk te volgen is en dan moet je er maar op vertrouwen dat het toch goed zit. Ik vind het erg spijtig dat de wet van Pia Dijkstra het maar ternauwernood redde in de Tweede Kamer (75-74). Maar ik begrijp het wel. Mensen zijn angstig rond het doodsmoment. Het gaat uiteindelijk om de stilering van een afscheid voor eeuwig en voor velen past daar jammer genoeg geen dokter in die organen komt weghalen.
De praktijk van orgaandonatie gaat niet alleen over de gelukkige ontvanger die een hart of een nier krijgt, maar ook over de ongelukkige donor die aan het overlijden is. De pijn zit in dat overlijden. Als je dat rustig afwacht totdat werkelijk alle tekenen van leven zijn verdwenen, dan kan het transplantatieteam thuis blijven, want dan zijn de organen ook overleden. Je moet dus eigenlijk net voor de dood het lichaam in om de organen er in zo goed mogelijke conditie uit te krijgen. Maar als je het zo formuleert dan wil niemand doneren, want wat bedoel je precies met 'net vóór de dood'? Het grootste obstakel op de weg naar een succesvolle donatiepraktijk schuilt in onze ideeën en gevoelens over het stervensproces. Die ogenblikkelijke dood is niet meer aan de orde. Ik sta zelf nogal eens bij lichamen die niet meer ademen, maar waarin het hart nog minutenlang door klopt. De vraag van de omstanders is altijd: 'Is ze...?' En dan antwoord ik: 'Ze maakt nu niks meer mee, ze is er niet meer, maar

haar hart klopt nog wel.' En pas als ik met mijn ste-thoscoop geen hartactie meer hoor durf ik te zeggen: 'Ze is overleden.' Maar een cardioloog met betere registratieapparatuur zou mogelijk nog wel hartactie kunnen waarnemen. Was ze dan niet dood toen ik het zei?

We stuiten hier op de omstandigheid dat sterven even duurt en dat de uitspraak dat iemand dood is ook iets van een besluit in zich heeft. Een besluit in de zin van: dit noemen we 'dood'. Maar 'besluit' gaat tegen onze intuïtie in, die juist vindt dat het noodlot (of desnoods God) hier aan zet is. Daar komt nog bij dat we een pasgestorvene die nog warm is moeiteloos strelen en kussen. Maar de status van de pasgestorvene of de nog net niet gestorvene is voor ons moeilijk te doorgronden. Het begrip 'hersendood' zou hier een uitweg kunnen bieden, als je erin gelooft. Op internet is een uitstekende beschrijving te vinden van hersendood, althans, dat vind ik en dat vinden de beschrijvers. Maar al die heldere, nuchtere, duidelijke, rustige uiteenzettingen van artsen rond dit onderwerp kunnen niet op tegen angst, vooroordeel en wantrouwen. Zo hoorde ik een arts met een migratieachtergrond zeggen 'dat de diagnose "hersendood" bij mensen met een migratieachtergrond natuurlijk eerder gesteld zal worden'.

'Natuurlijk,' zeg je dan een beetje smalend, 'wie had anders verwacht?' Is het niet om te krijsen van wanhoop, dit soort uitingen? Ik word daar zo ongelukkig van. 'Hebt u daar dan onderzoek naar gedaan?'

'Nee, maar zo zit jullie maatschappij in elkaar.'

Deze mag er ook zijn (uit *Stroom*, tijdschrift voor gezondheidszorg, geïnspireerd door antroposofie, winter 2017):

'Een inmiddels medisch geaccepteerd verschijnsel is dat comateuze mensen tijdens, of vlak voor, de uitname van hun organen "opvallende stuiptrekkingen" met hun meestal onverdoofde lichaam maken. Het gebeurt dat de stervende donoren de operatieassistent als in een soort paniek om de hals vliegen. Medisch doet men dit af als Lazarusreflex, genoemd naar Lazarus die door Jezus werd opgewekt uit de dood. Zou het kunnen zijn dat deze onverwachte beweeglijkheid een uiting is van doodsangst, van pijn en verzet?'

Allereerst: coma is echt iets heel anders dan hersendood. En wat die reflexen betreft: ik lees op internet dat hersendode patiënten inderdaad wel eens armbewegingen maken, hun handen naar hun kin bewegen of op hun borst leggen. Dat is wat anders dan in paniek de dokter om de hals te vliegen, maar als je het verschil tussen een reflexmatige en een doelbewuste beweging wilt aantonen aan de hand van hersenfysiologie, dan heb je wel een willig publiek nodig dat je volledig vertrouwt.
Mensen die willen benadrukken dat het een leugen is om te zeggen dat de organen ná je overlijden worden uitgenomen hebben gelijk, maar nemen dan weer niet de moeite om nader in te gaan op het fenomeen 'overlijden'. Zo moeilijk is het nu ook weer niet om uit te leggen dat dat veel rafeliger verloopt dan we dachten. Maar vanuit die rafeligheid steken zij meteen over naar Esmee Feenstra en op die manier wordt elke donatie waarbij hersendood speelt een gruwelijke moord.
Aan de andere kant kunnen hersendoodprotocolopstellers niet toegeven dat je niets 100 procent kunt garanderen, want dan zijgt de hele campagne ineen. Ik denk tenminste

niet dat ze veel organen zullen oogsten als ze bij hersendood in zeer kleine lettertjes vermelden: niets is helemaal zeker op aarde, dus het kan gebeuren dat we uw lichaam uiteen nemen terwijl u nog verder had kunnen leven.
Ik weet niet of we hier ooit uit komen.

Hiernamaals Klassiek Tegenwoordig zien we niks meer, of hele vage contouren, als we voorbij het graf blikken. We troosten ons met een wazig idee dat het op de een of andere manier wel goed zal zitten daarginds. Want waar doe je het anders voor, leven?
In de oudheid was het helemaal niet wazig voorbij het graf en de vaagheden van nu waren toen nog in volle scherpte aanwezig. Er was veel meer drukte na de dood, een drukte die op een prachtige manier bijeen gelezen is door Pieters en de Rynck in hun *Over de Styx. Grieken, Romeinen en de Onderwereld*.
Als je net binnenkomt in de Griekse mythologie breek je je nek over Zoon van de Nacht, Dochter van de Slaap, Broer van Chaos, Heerser van de Zee, Vader van de Oorlog, Moeder van de Maan, Zusje van de Dood enzovoorts. Daar komen nog neven, ooms, tantes, grootvaders en talloze vluchtige affaires bij, waarin Iedereen zo'n beetje Alles bespringt, meestal met nakomelingen als gevolg. Het resultaat is een overvol sprookjesbos, waarin het onmogelijk is de bewoners op waarde te schatten als je er voor een enkel bezoekje langsgaat.
Het aardige van dit boek is dat het je meeneemt op een wandeling langs alles wat er aan hoop, verdriet, humor, nuchterheid en angst heerste in de zielen van tweeduizend jaar geleden rond het thema van de dood, waarbij het hele Circus

Olympus in volle actie voorbijtrekt. Dat levert wel iets anders op dan de encyclopedische vermelding: 'Hades: heerser over de onderwereld, ook gebruikt als aanduiding voor die regio.'

Het opvallendst aan deze verhalen is dat alle versies van het *Jenseits* die wij tegenwoordig kennen toen al voorhanden waren, zij het in een andere verhouding. De meest voorkomende is die van een akelig, vreugdeloos oord waar schimmen die niet kunnen voelen, spreken of denken in grijze nevel ronddwalen. Er bestaan daarnaast wel verhalen over Rechters, een Oordeel, Gelukzaligen, Verdoemden en ook Reïncarnatie, maar die nemen een bescheidener plaats in. Er bestond geen algemeen gedeelde lezing van de gebeurtenissen daarginds en er was geen eenduidige topografie van het gebied. Er liepen verschillende rivieren doorheen of omheen en op vele plaatsen kon je er vanaf het aardoppervlak in afdalen. Die vermeende toegangen werden gebruikt om de schimmen van de doden omhoog te halen en ze te bevragen over naderende gebeurtenissen op aarde.

Alleen de doden kunnen de rivieren, de Styx en de Acheron, oversteken en Charon, een oude mopperkont, is de veerman. Sisyphus, de rotsblokduwer, geeft voor zijn dood opdracht aan zijn vrouw om hem niet te begraven, een nachtmerrie voor de Griek, want het gevolg daarvan is dat je de Hades niet binnenkomt. Als Charon hem ernaar vraagt, begint Sisyphus een klaagzang over zijn vrouw die zijn lichaam niet begroef. 'Zijn ze nou helemaal daarboven? Terug jij!' roept een woedende Charon, en Sisyphus leefde nog lang en gelukkig.

Charon doet zijn werk niet voor niks en eist een munt, waarover nogal eens heibel ontstaat die hij niet goed kan oplossen. Want de wanbetaler zegt natuurlijk doodleuk: 'Nou, dan breng je me toch weer terug?' waar Charon niet aan kan beginnen, want dan krijgt hij op zijn lazer van zijn baas, Aeacus.

Odysseus, Orpheus, Sisyphus, Heracles, Theseus, Aeneas zijn allen daarbeneden op bezoek geweest en het is vooral uit hun verhalen dat we weten hoe onaangenaam het lot van de doden is. Tijdens zijn bezoek aan de Hades hoort Odysseus het uit Achilles' eigen mond: liever dagloner daarboven dan Koning in dit hol. De schimmen kunnen pas spreken als ze gedronken hebben van het door Odysseus meegebrachte offerbloed. Als hij zijn dode moeder wil omhelzen grijpt hij in het niets en ze legt haar toestand uit: 'Onze spieren houden geen vlees meer vast en geen botten... als het leven het witte beendergestel heeft verlaten en als een droombeeld gelijk, de ziel daaruit wegvliegt en rondzweeft.'

Van dood naar leven kan ook, zoals in het geval van Protesilaüs, die als eerste op het strand bij Troje gedood werd, één dag na zijn huwelijk met Laodamia. Hij wil nog even terug naar zijn treurende echtgenote, maar Hades raadt hem af zich 'als ontvleesde en lelijke doodskop aan die mooie bruid te vertonen'. Hermes lost dit op door hem weer toonbaar te maken en hij krijgt zijn ene dag daarboven, waarna hij terug naar de Hades moet. Daarop pleegt Laodamia zelfmoord opdat ze toch verenigd blijven.

Ja, dat kan allemaal en in zo'n verhaal lijkt het die schimmen redelijk goed te kunnen gaan daarbeneden, hoewel dit begon met een ontvleesde schedel. Dogmatiek over dit alles is vanzelfsprekend onmogelijk, want wat de doden ginds overkomt waaiert alle kanten op: ellende, halfleven of ge-

lukzaligheid, vaak zonder duidelijk verband met het leven dat je leidde, al is de gelukzaligheid slechts voor zeer weinigen weggelegd.
De nuchtere Plinius schudt al deze verhalen van zich af: 'Neem je ervaringen van voor de geboorte als voorbeeld van de rust die in de toekomst zal intreden.'
Of Epicurus: 'Wanneer wij er zijn is de dood er niet, en wanneer de dood er is dan zijn wij er niet meer.'
Lucretius vindt dat die schimmen niet kloppen, want ze kunnen kennelijk wel horen, zien en praten, en wat is daar voor onlichamelijks aan? En Ovidius spreekt over 'angst voor een verzonnen wereld'.
Het boek maakt zo'n overweldigende indruk omdat de her en der in de literatuur verspreid liggende decorstukken hier bijeen gevoegd worden tot een samenhangend bouwsel, een wereldbeeld, waar wij nu al zo'n twintig eeuwen van weg reizen, maar dat we nooit uit het oog verliezen.

Hond en dood (1) Het gebeurde bij de euthanasie van meneer L., een honderdjarige die heel erg moe en onder de zachte aandrang van door mij ingespoten medicatie niet meer zo tevreden de laatste adem uitblies. Zoon en dochter zijn aanwezig, en de hond van de dochter. Meneer ligt op zijn rug nog wat te ademen. De hond springt op het bed, legt zijn trouwe kop op zijn buik en valt in slaap. Na een paar minuten (meneer heeft het bewustzijn dan al verloren) richt de hond zijn lieve kop op, kijkt naar meneer, kijkt naar ons, slaakt een diepe zucht, en legt zijn kop weer op de buik. Later zeggen we allemaal: 'Tóen is hij gestorven, die hond voelde het.'
Nog weer later, na de constatering dat hij echt dood is, ont-

staat er een beetje een lacherige atmosfeer, iedereen loopt heen en weer, koffie, sigaretje. Sigaretje hier? Nee buiten natuurlijk, op het balkon. We praten over het gebeuren en ik beschrijf de hond als de grote mazzeltof hier. Ligt nietsvermoedend bij een grote catastrofe toe te kijken en heeft geen idee wat zich daar afspeelt, omdat hij geen weet heeft van de dood, zich niet in de tijd bevindt. Honden drijven niet mee in die stroom waarin wij rondspartelen, onhoudbaar op weg naar de fatale waterval.

'Dus,' zeg ik, 'als ik nog een keer moet leven, dan graag als hond bij een zorgzaam baasje.' Waarop de dochter, het zorgzame baasje, onmiddellijk zegt: 'Da's ook toevallig, in zijn vorige leven was hij arts.'

Hond en dood (2) Voor een recensie van de dood hoef je niet naar het Nieuwe de la Mar of het Stedelijk. Nou ja, je moet wel naar het leven op aarde komen, de enige plek in het heelal waar voor zover we weten, gestorven wordt. Van sterren wordt ook wel gezegd dat ze doodgaan, maar dat is sentimentele onzin. Er is niets zo levenloos en dus ook zo doodloos als het heelal.

Op de planeet aarde is sterven nagenoeg onontkoombaar. Er zijn wel mensen die het ook na hun kindertijd nog even vol weten te houden dat ze nooit dood zullen gaan, maar ik ken niemand die zo tegen zijn vijftiende of twintigste jaar niet in de gaten heeft dat we echt allemaal op de lijst staan, waarbij je kunt harrewarren over je exacte positie. Wittgenstein beschreef deze ontdekking met veel humor in zijn dagboek: 'Met mij en het leven gaat het bijna als met een dame die naar *Don Carlos* ging in de veronderstelling dat het een komedie was. Na een paar bedrijven stond ze ver-

ontwaardigd op met de woorden: "Il me semble que c'est une tragédie!"'
Helaas kunnen we het theater van het leven niet met opgetrokken neus verlaten, althans niet om een andere voorstelling te gaan zien. Het is dit of niks. En het is alleen maar draaglijk zolang we net weten te doen alsof we nooit doodgaan. Ongeveer zoals dieren dat doen.
Ik stond laatst bij de visboer naast een mevrouw met een leuk hondje dat er nogal trillerig bij stond. Ik wilde hem even aanhalen, maar ze onderbrak mijn gebaar: 'Doe maar niet meneer, hij is erg ziek, hij heeft twee tumoren.' Ik zei met gepaste neerslachtigheid: 'Ach, wat jammer.' Maar die hond bleef vrolijk kwispelend naar mij opzien. Het was duidelijk dat hij lichamelijk misschien wel, maar geestelijk in elk geval geen last had van die tumoren. Nu kwam er nog een andere man bij, zo'n man die Simon Carmiggelt zou beschrijven als voornamelijk opgebouwd uit hammen en rookworsten, en ook die begon het vrolijke hondje aan te halen.
Opnieuw kwam de mevrouw met de twee tumoren aanzetten om het hondje te beschermen. Ze dikte het verhaal nog verder aan: 'De dierenarts in Lelystad geeft hem nog hooguit twee weken,' zei ze. Wij keken gedrieën neer op het vrolijk kwispelende, maar kennelijk stervende hondje. En ineens zie je het verschil tussen mens en dier: kwispelend doodgaan, dat is ons niet gegund. De man had inmiddels zijn bakje kibbeling te pakken en zei ten afscheid: 'Die hond stelt zich aan. Hij doet net alsof hij kanker heeft. Krijgt-ie meer aandacht.'
Maar dat is het nu juist, dat kan een hond niet. Het aantrekkelijke van het hondenleven is dat de dood er niet in voor-

komt. Rudy Kousbroek zei: 'Een blinde hond weet niet dat hij blind is', en zo weet een stervende hond niet dat hij aan het doodgaan is. We moeten daar helaas ook aan toevoegen dat een levende hond niet weet dat hij leeft, anders schreef hij wel poëzie of probeerde hij een recensie te schrijven over de dood.
Wat dat dierlijke bewustzijn betreft, denk aan B.B. Kings tekst: 'Better not look down if you want to keep on flying.' Maar wetend dat je vliegt kun je niet weg bij het besef van de gevaarlijke hoogte waarop je je bevindt. Hoewel er veel is wat een beetje helpt tegen de dood, er is niets wat echt helpt.

Hondenkerkhoven Het grote verschil is dat je hier niet getroffen wordt door de vergeefsheid van die voorbije levens. Bij dode mensen heb je het idee dat het erg voor ze is dat ze weg zijn. Dat hun afwezigheid niet alleen vreet aan de achterblijvers maar ook aan henzelf. Dat ze zich liggen te verbijten onder de grond. Nou ja, sommigen. Maar bij een dode hond kun je geen geestelijk leven opdromen, zoals we geneigd zijn dat te doen bij dode mensen. Alsof je ze zou kunnen vragen hoe ze het eigenlijk vinden om dood te zijn.

Hoop (...) a hopeful story in the Talmud which claims that after Titus destroyed the temple a gnat flew into his nostril and gradually ate away his brain.
(...) nadat hij de tempel had verwoest, zo vertelt een hoopvol verhaal in de Talmoed, vloog er een muskiet in het neusgat van Titus die langzaam zijn hersenen wegvrat.
Mary Beard, *SPQR*, p. 415.

Horace Walpoles hondje In november 1739 stak Horace Walpole de Alpen over. Of liever: werd Horace Walpole de Alpen over gedragen, want Horace had zijn bedienden. Het was eng en akelig door een naar incident:

'Gisteren overkwam mij een curieus ongeluk. Ik had een kleine zwarte King Charles-spaniël meegebracht. Hij was mooi en lief en knap en dik! Ik had hem even uit de koets gelaten voor wat frisse lucht en hij waggelde wat rond bij de hoofden van de paarden boven op de hoogste Alpen aan de rand van een dennenwoud. Plotseling schoot er een jonge wolf tevoorschijn, greep de arme Tory bij zijn keel en voordat we iets konden doen sprong hij tegen de rotsen op en ging er met hem vandoor. De postiljon sprong erachteraan en probeerde vergeefs hem te raken met zijn zweep. Ik zag het en gilde. Maar de weg was zo nauw dat de bedienden achter ons niet langs de koets konden komen om op de wolf te schieten. Het vreemde is dat het twee uur in de middag was bij een stralende zon. Het was een schok om te zien hoe een dier waar je zo van houdt wordt weggesleept naar een vreselijke dood...'
Uit: brief aan dichter Richard West.

Hume en Charon De Schotse filosoof David Hume (1711-1776) was de ultrascepticus in de geschiedenis van het westerse denken. Dat wilde onder andere zeggen dat hij erg ongelovig was. De geestelijkheid had dan ook een bloedhekel aan hem en men noemde hem The Great Infidel, de Grote Afvallige. Op zijn sterfbed vertelde hij Adam Smith hoe hij zich aan gene zijde zou gedragen als hij Charon ontmoette, de oude veerman op de Hades, die de schimmen van de doden over de Styx zet. Charon had natuurlijk alle smoesjes om niet naar de overkant te hoeven al vele malen gehoord, maar Hume had er lol in om te fantaseren over hoe hij het zou aanpakken:

'"Beste Charon," zou ik zeggen, "ik heb zojuist een nieuwe editie van mijn geschriften gecorrigeerd. Geef me nog wat tijd om te zien hoe het publiek reageert op deze correcties." Maar Charon zou antwoorden: "Als u het effect van deze correcties hebt gezien dan wilt u weer nieuwe correcties aanbrengen. Er komt nooit een einde aan dit soort uitvluchten. Dus, goede vriend, in de boot alstublieft." Maar ik zou nog verder aandringen. "Goede Charon, heb nog even geduld, ik heb getracht de ogen van het publiek te openen. Als ik nog een paar jaar langer mag leven dan lukt het mij misschien mijn landgenoten wat wijzer te maken en ze te verlossen van het christelijke bijgeloof." Op dit punt zou Charon zijn beheersing verliezen en in woede zeggen: "Jij treuzelende schurk, dat gaat niet lukken, in geen honderden jaren. Denk je nou echt dat ik je zo lang uitstel zou geven? Stap onmiddellijk in de boot, een schurk ben je."'

Huilfrequentie Mevrouw U. is 87 jaar, een dodelijk vermoeide weduwe. Haar man stierf vijf maanden geleden, waarna ze als door een hele trage golf uiteindelijk op het strand van ons verpleeghuis werd neergesmeten.
Ze wil dood.
Ze vertelt aan mijn jonge collega Judith dat haar man haar 's nachts bezoekt. Hij zit in de kamer. Hij kruipt bij haar in bed en nestelt zich als vanouds in haar holletje. Maar tot haar wanhoop zegt hij niks.

Judith vond dit zo verdrietig dat ze erom moest huilen en ze huilt nu weer, nu ze het mij vertelt.
'Hou dit vast, Juud,' zegt zuster Mieke tegen haar. 'Twee keer per jaar mag je zo huilen om wat je hoort, bij twee keer per week gaan we ander werk voor je zoeken.'

IJsdood Collega S. vertelt over de aard van zijn vrouw. 'Als zij als astronaut met drie anderen op een lange ruimtereis zou gaan, dan komt ze alleen terug.'
'En die anderen dan?'
'Ja, wat denk je?'
'Goed, ze maakt ze dood, maar waar laat ze ze?'
'D'r uit, hoppetee, naar buiten.'
'Waar ze dan wel voor het raampje blijven hangen als het hondje van Jules Verne tijdens diens reis naar de maan.'
'Doet me denken aan de kat van dat Friese gezin die in de winter achter hun huis in het meer verdronk dat bevroor, zodat ze hem nog weken verstard in het ijs moesten aanschouwen.'

Inbedding Ik zit weer eens in de aula van de Nieuwe Ooster. Ik heb hier al heel wat doden heen gebracht en zoals altijd kijk ik ook nu weer met geërgerde verbazing naar de wandschildering. Het zijn geloof ik bleekgroene mollusken, product van zeer matige lsd, en rechts onderaan een pauw misschien of een plant met voetjes.
Maar we zijn hier voor onze collega J., pas 57 jaar oud. Hij stierf na een kort maar heftig ziekbed. Alvleesklierkanker. Het woord alleen al. In het Duits is het nog erger, daar heet het *Bauchspeicheldrüsenkrebs*.
Zijn zoon sprak erg ontroerend tijdens de dienst. Het le-

vensverhaal van zijn vader. Het evangelie van J. was: 'Je moet gewoon zo veel mogelijk lol maken.' Goed idee, zeggen we dan, maar de planeet zit niet mee. Alvleesklierkanker.

J. had zelf een kort dankwoord geschreven, waarin we gemaand werden niet verdrietig te zijn. Stervenden zeggen dat graag: huil nou niet om mij. Ze willen niet weten wat hun afwezigheid gaat aanrichten. Ze kunnen dat er gewoon niet bij hebben.

Toen gingen de deuren naar het kerkhof open en rolde de kist naar buiten onder de klanken van een feestelijke muzikale uitsmijter, iets dansfeestachtigs, Zuid-Amerikaans, disco, pina colada, vervelende, hitsige muziek. Bij het graf lieten ze de kist iets omlaag, waarna iedereen er een roos op kon leggen. Sommigen gooiden hun roos.

Napratend besefte ik dat iets me stoorde: de volstrekte horizontaliteit, het gelijkvloerse van het hele gebeuren. Ik had zo graag een verwijzing gezien naar Boven, al is daar niks. Dat had ik wel in een verzuchting beweend willen zien. Of naar Beneden: wat een kloteplaneet is dit toch. Maar een of andere kosmische inbedding zou me goed hebben gedaan, met daarbij de mededeling dat er kosmos noch bedding bestaat voor deze bitterheid.

In memoriam de neanderthalers Er wordt door archeologen van uitgegaan dat ze hun doden begroeven. Totdat ze allemaal dood waren. Je kunt alleen maar hopen dat de laatste der neanderthalers dat niet in de gaten had. Ik kan het niet helpen, maar ik denk aan ze als lievige, ietwat beperkte broertjes en zusjes die door een fatale combinatie van dom en ijverig van de evolutionaire wagen afgeduwd werden, die

vervolgens gewoon doordenderde met de hanige sapiens op de bok.
Dat lievige valt wel mee. Ze deden aan exo- en endo-kannibalisme. Exo betekent de buren, endo je broer. Endo vrijwel altijd door honger, exo waarschijnlijk ritueel. Hoe weten we dat? Nou ja, als je honger hebt trek je niet het woud in op zoek naar eten, maar pak je wat er voor het grijpen ligt. Familie dus.
Dit vermoeden rees naar aanleiding van vondsten van menselijke skeletdelen in Noord-Amerika en Nieuw-Guinea, die met opzet ontvleesd waren. Ze bewaarden schedels van doden.

In memoriam pater D. Op een receptie hoorde ik dat pater D. was overleden. Ik had dat bericht al eens eerder gehoord, dacht ik. Misschien zo'n automatische dood, waar je van uitging omdat hij er toch aan zat te komen. Je ziet een vliegtuig dalen en neemt de landing zonder verdere controle aan. D.'s daling duurde echter veel langer dan voorzien, hoewel ik niks voorzag, want was-ie ziek dan?
Het vliegtuig verdwijnt achter de daken en zal wel geland zijn. Maar nee, D. vloog nog een hele tijd door. Theologisch was hij een ruwe bolster waaronder een zeer zachtmoedige pit. Zoals veel priesters die vanuit hun verwrongen libidoloosheid, de leugen van het celibaat, niet kunnen zeggen van wie ze houden, was hij vluchtend in elk persoonlijk contact. Door dat celibaat hebben ze niks in het centrum van hun innerlijk, of wel wat, nog erger, en beide moeten ze weghouden van de wereld.
D. was goed met stervenden. Hij diende dikwijls het Heilig Oliesel toe, de ziekenzalving, en sprak daarbij graag zijn ge-

ruststelling uit dat deze zalving zou beklijven. 'U zit hartstikke goed hiermee,' zei hij dan. 'Hier zit levenslange garantie op, ja van Onze Lieve Heer zelf.'
Na een jaar of vijftien verpleeghuiswerk vertrok hij naar een parochie in de stad. Hij wou ook wel eens dopen, zei hij, en niet alleen maar rouwmissen. We praatten wel samen, maar alleen over patiënten, want mijn filosofisch 'geneuzel' vond hij (dreunende schouderklap) zonde van de tijd.
Maar goed, zijn vliegtuigje is geland.

Intensive Care De hoogbejaarde schoonmoeder van collega C. overleed. Omdat niemand van de familie zag, of wilde zien, op welke weg zij zich in feite bevond, belandde ze eerst nog even op de IC, tot verbijstering van pa, en tot heel andere verbijstering van C. die dit verergerend getrut vond. Men besloot haar af te koppelen en onder morfine in een kamertje te leggen, in afwachting van de dood. En dat was het moment voor pa om te zeggen: 'Ik kan hier niet tegen' en hij wilde zijn jas pakken om naar huis te gaan. C. stelde zich op in de deuropening en zei, net niet woedend: 'Nee. Je gaat naast haar zitten. Godverdomme!'
Haar latere commentaar: mensen zien het als een teken van positieve verfijndheid, iets om je op voor te laten staan, als ze wegvluchten bij een sterven. Anderen, die erbij blijven zitten, zijn dan grove naturen tot wie niks doordringt.
C. steekt maar meteen over naar de andere kant van het leven: bij bevallingen heb je dat ook, mannen die ervandoor willen. Ik sympathiseer daar wel mee, want ik denk dat de aanwezigheid van de man in de verloskamer voornamelijk bedoeld is om hem te laten zien: dit kan jij niet!
'En je was maar wat blij dat je 't niet kon,' zegt C.

Jack Hawkins De Britse acteur. Hij had keelkanker, onderging een laryngectomie, kon alleen nog boerend spreken. Tv-interview. Men vraagt hem: 'Afgezien van uw stem terugkrijgen, wat zou u graag zien gebeuren?'
'Ik zou graag het genie willen verwelkomen dat de stomme film uitvond.'

Jezjov, Nikolai (1895-1940) Na de moord op Kirov zette Stalin de zoveelste zuivering in. Jezjov regelde de valse beschuldigingen tegen Kamenev en Zinovjev. Na zijn eigen arrestatie op 10 april 1939 werd zijn appartement doorzocht. In een la van zijn bureau vond men vier gebruikte revolverkogels. Elke kogel verpakt in papier waarop de namen Zinovjev, Kamenev, Smirnov. In het Smirnov-pakje zaten twee kogels. Men gaat ervan uit dat deze kogels naar hem werden gezonden nadat deze mannen waren doodgeschoten.
Als ik dit zo opschrijf denk ik: Stalin gaat nog wel, maar wie weet nog wie Jezjov, Zinovjev en Kamenev waren? Van de arme Smirnov weet ik het zelf ook niet. Nou ja, 'arme'? Overigens vraag je je af wat men heeft moeten doen om die kogels te bemachtigen. Of gaan die kogels altijd door een lichaam heen? En die twee voor Smirnov? Schoten ze eerst naast?

Jezus 1991. Mijn dochter is zes, ik leg Jezus uit. We kijken onder meer naar Brunelleschi's beeld van Jezus aan het kruis. Slotzin van mijn zeer beknopte evangelie: '... en toen ging hij dood en kwam er bloed uit dat gaatje in zijn zij.'
Ze ziet dat het bloed niet meer vloeit en noemt het 'standbeeldbloed'. Het is onveranderlijk bloed geworden. Later die dag hebben we het er weer over en ik herhaal: 'Toen

stierf hij aan het kruis.' Ze neemt het van me over en zegt: 'Ja, en toen werd hij een standbeeld hè?' Ze formuleert dit alsof ze een verklaring gevonden heeft voor deze toch zeer merkwaardige toestand. Dat duurt dan ook maar enkele seconden, want ze vraagt daarna meteen: 'Waarom eigenlijk?'

Jimi Hendrix In een film over zijn leven vertelt een vriend hoe Jimi stierf. 'Je weet wel, 's avonds als je inslaapt dan gebeurt het wel eens dat je op het randje van de slaap ineens wakker schrikt. Dat zit zo: als je inslaapt kom je voor twee vage ingangen te staan. De ene leidt tot gewone slaap. Maar die andere, als je daar in gaat, dan loop je zo de dood tegemoet. Dus als je per ongeluk de verkeerde neemt dan besef je dat al gauw en ren je terug naar het leven, je schrikt wakker. Maar Jimi, typisch Jimi, slenterde de verkeerde binnen en rende helemaal niet terug naar het leven, hij dacht: effe checken wat hier gebeurt.'

Johnson, Dr

Boswell and Johnson arguing about the nothingness after death.
Boswell: God would never allow for such a possibility.
Johnson: It is in the apprehension of it that the horror of annihilation consists.

Boswell en Johnson ruziën over het niets na de dood.
Boswell: God zou een dergelijke mogelijkheid nooit toestaan.
Johnson: De angst voor vernietiging schuilt in het vooruitzicht.
Uit: *The New York Review of Books*, 4 juni 2015.

Joods kerkhof Collega R.'s grootmoeder werd opgenomen voor een nieuwe heup. Hij ziet haar vlak voor de ingreep en tot zijn schrik heeft ze geen tand meer in haar mond.
'Oma, wat is er gebeurd?'
'Al mijn tanden moesten getrokken worden voor de ingreep, jongen.'
Hij beent meteen weg naar de orthopedisch chirurg, zijn ze hier helemaal gek geworden? De collega legt hem echter uit dat haar prothese keurig in het bakje zit naast het bed. Ze had het al die jaren bij de familie weggehouden dat ze een gebit had.
Ze is jodin. Maar ze wil niet op een joods kerkhof begraven worden: 'Ik moet er niet aan denken, al die neuzen dezelfde kant op.'

Kafka, Franz Dagboek 21 juli 1913:

'Door het parterreraam van een huis aan een om de hals gelegde strik naar binnen getrokken worden en zonder mededogen, als door iemand die niet oplet, bloedend en verscheurd door alle plafonds, meubels, muren en zolders heen omhooggerukt worden, totdat boven op het dak de lege strop verschijnt, die ook mijn resten pas bij het doorbreken van de dakpannen verloren heeft.'

Hij schreef ergens: 'Een boek is de bijl voor het ijs van de bevroren zee in ons.'
Maar dan komt er dus zoiets naar boven.

Kameleon 'Op een dag zei God tegen de kameleon: ga naar de mensen en vertel dat ze nooit dood zullen gaan. De ka-

meleon vertrok maar bleef hangen bij een fruitboom, at zijn buik vol en viel in slaap. Intussen was God van mening veranderd en hij stuurde een hagedis met een andere boodschap: jullie zullen sterven. De hagedis roetsjte voorbij de slapende kameleon en kwam het eerst bij de mens met de mededeling: jullie zullen sterven. Pas toen kwam de kameleon bij de mens aankakken met zijn boodschap. "Nou," zei de mens, "de hagedis is al geweest met ander nieuws, we geloven jou niet." En zo is het gebleven.'
Uit: John Mbiti, *African religions and philosophy*.

Het verrassende is dat zoiets ergs, het allerergste wat er is eigenlijk, te wijten is aan zo'n stomme kameleon, die niet weet hoe hij voorbij een snackbar moet komen. Het onsamenhangende lijkt irrelevant. Want als de kameleon netjes was doorgelopen en vóór de hagedis de mensen had bereikt, zouden ze dan de kameleon geloven?

Kampherinnering Jorge Semprún over zijn kampverleden:

'Wij spraken nogal gewoontjes over de dood, zoals in andere tijden over vrouwen, familie, voetbal of politiek, vaak op een beetje ironische wijze. Gebeurde het echter dat een van ons ernstiger werd over dit onderwerp dan wisten we: deze is stervende.'

Kanker Mevrouw B. over haar tumor:

'Tis net de Kerstman: je ziet 'm niet, maar hij is wel bezig de hele tijd.'

Kans dagboek Een jaar voor zijn dood, opgeschreven tijdens een ernstige ziekte van Corrie Vonk:

'Ik wil haar niet alleen laten gaan. Heb steeds het idee dat het ineens afgelopen zal zijn en dan moet ik erg vlug zijn om bij haar te blijven. Samen weg op de rug van de blauwe vogel van het geluk. Samen het niets tegemoet. Ik hoop dat er hierna niets meer ooit zal zijn. Afgelopen. Uit. Niks meer. Samen weg van dat rotleven. Ik heb het ondanks alle successen altijd een rotleven gevonden.'

Keizer Julianus de Afvallige Leefde van 331 tot 363 na Christus. Hij trachtte de kerstening van het Romeinse Rijk terug te draaien en de oude Romeinse goden weer in ere te herstellen. In de ogen van het christendom was hij dus een afvallige.
Hij vond de dood tijdens een veldslag in Perzië. Iemand stootte een speer in zijn zij. Het verhaal gaat dat hij bloed uit zijn wond naar de zon gooide met de bittere woorden: 'Wees tevreden!' Oftewel: je hebt nu je zin.
Theodoret van Cyrus schreef in 450 de beroemde maar onwaarschijnlijke variant waarin de keizer, terwijl hij zijn bloed uit de wond de lucht in smeet uitriep: 'Galileeër, gij hebt gewonnen.'
Uit: Henry Chadwick, *History of the Early Church* (1982).

Dat omhooggooien van je eigen bloed is zo vreemd dat je hier het gevoel krijgt dat er wel iets van waar is.

Kennedy, John F.
'In Dallas droeg Kennedy een korset wegens rugproblemen,

zodat hij ongewild rechtop bleef zitten, niet kon wegduiken voor de verwoestende tweede kogel van Lee Harvey Oswald.' Uit: Seymour Hersh, *The Dark Side of Camelot* (1997).

Kerkhof in Amherst Dagboek 14 juli 2002. Zondag. In Amherst Emily Dickinsons huis natuurlijk. Indrukwekkendst: de lege witte jurk.
Ook even naar het kerkhof om haar graf te zien. Maar daar vormde zich geen snik, want mijn vrouw was mee het kerkhof op gelopen met in haar ogen 'eigenlijk beetje zinloze excursie dit' en dochtertje zat in de camper die niet goed geparkeerd stond en het was flink warm, kortom, poepen met iemand voor de deur. Gaat niet.

Kerkhof 2012 In Amersfoort bezocht ik het graf van mijn ouders. Ik had net in de Internationale School voor Wijsbegeerte daar staan te verkondigen dat de ziel samen met het lichaam ten onder gaat. En nee, het ging mij er niet om die zielsverdwijning te bevestigen. Waar ging het dan wel om? Weet ik niet goed. Ik zou willen zeggen: een groet brengen, hoewel er niemand is om mijn groet te beantwoorden.
Je denkt aan een kerkhof als een plaats van rust. Eeuwige rust zelfs. Diep in de aarde wachten de ontslapenen op de jongste dag, waarvan wij inmiddels weten dat hij nooit zal aanbreken. Stakkerige wijsheid, die gelukkig aan mijn ouders voorbij is gegaan. Maar op dit kerkhof heerst helemaal geen rust. Er komen steeds nieuwe doden bij en die gedragen zich niet zoals het hoort. Ik zou graag zien dat zij zich stilletjes neervlijden onder een bescheiden, niet al te afwijkende zerk, bij voorkeur gemaakt van dofgrijs natuursteen dat er al gauw oud uitziet en waaraan zich graag wat mos

vasthecht. Maar die nieuwen hebben helemaal niks met de loodzware somberte van mijn dofgrijze natuursteen. Pal naast mijn ouders ligt een echtpaar 'voor altijd samen' weggedrukt onder een gigantische gladmarmeren bijbel van twee bij drie meter met een dikte van naar schatting een halve meter, het geheel fraai omkranst door marmeren lantarens en bezaaid met een arrangement van engeltjes en duifjes, en als klap op de vuurpijl aan het hoofdeind een manshoog koperkleurig Heilig Hartbeeld.
Dat graf maakt zo veel lawaai dat ik de schuchterheid die uit het graf van mijn ouders spreekt nauwelijks kan horen.
Dit is geen incident. Ik zie op het hele kerkhof dat dit nieuwe geschreeuw in gigantische opstellingen van ettelijke tonnen altijd nieuw ogend glimmend marmer de sombere grijze sfeer van steeds maar ouder wordende zachtjes treurende grijze grafstenen geleidelijk aan het verdringen is.
Het lijkt wel alsof het kerkhofbeheer dit proces wil versnellen, want aan het voeteneind van vele oude grafstenen heeft men een rood plastic plaatje geplaatst met de tekst: 'Dit graf wordt geruimd'. Laat die mensen toch, denk ik dan. Ze zijn al dood. Moeten ze nog verder dood?
Soms volgt dit gedwongen vertrek al snel op de aankomst. Zo staat er op het graf van de heer A.J. (1909-1996) reeds zestien jaar na zijn overlijden: 'Dit graf wordt geruimd', terwijl er op de glimmend marmeren steen staat: 'Pa, we zullen je nooit vergeten'.
Ik zie veel namen waarvan ik denk dat die alleen maar in Amersfoort bestaan: Lablans, Engeringh, Kalveen, Hehenkamp, Vial, Koeslag, Fijnenberg, Van Empelen, Spithoven, Tulen, Litjens, Rouwhorst, Ramselaar, Houtveen, Tijhuis. Allemaal gezinnen die ik ken uit onze parochie.

En altijd weer ontdek je iets nieuws. Dit keer is dat het oorlogsgraf van 'Private J. Riley – East Lancashire Regiment – 14th January 1919'. Je vraagt je af hoe J. Riley in 1919 in Amersfoort verdwaald was geraakt. Schuin achter hem is het priestergraf, een kelder met daarboven een kapel met daarin een levensgroot kruisbeeld, dat zelf stervende is. Dit graf wordt ook geruimd, maar hier is de vergetelheid aan het werk. Hoewel, in 2003 is er toch nog een keer een priester begraven. Vreemd, want er was niemand bij gekomen sinds pastoor Weijers (van Hoogland) stierf in 1963.
Naast het priestergraf liggen de zusters van O.L. Vrouwe. Ik tel er bijna tweehonderd. Het is niet duidelijk hoe men dat aantal in een zo klein gebied heeft weten te proppen, maar wij hoeven geen details. De zusters hoorden bij het stadsbeeld. Ze hadden een monumentaal pand aan de Zuidsingel en een nog veel groter klooster met kerk en kostschool aan de andere kant van de stad, het Onze Lieve Vrouw Ter Eem. Ergens eind jaren vijftig kwamen de dames op het idee dat ze wel erg veel heen en weer moesten fietsen tussen Ter Eem en de stad en ze schaften zich een auto aan. Geen bestelwagentje, nee, een prachtige groene Chevrolet Station Wagon, een echte Amerikaanse slee. Mijn vader vond het werkelijk een gotspe als hij de Gelofte van Armoede voorbij zag glijden in een auto die ons als uitzinnig luxe trof. Aan de andere kant vond hij het ook wel weer komisch dat die zusters dachten dat ze daar mee weg konden komen en toch onze achting konden behouden. De laatste overleed op 3 maart 2012, 87 jaar oud. Ik weet overigens niet of ze echt de laatste was, maar er zit een hangslot op de metalen grafplaat die de laatste jaren immers tientallen keren open moest en hij kan dus zo weer open.

Twee graven kon ik niet meer vinden. Een jong meisje uit onze parochie dat omkwam bij een verkeersongeluk. En het graf van Rob van de P., met wie ik op de verkenners zat. Hij stierf op zijn zestiende of zeventiende aan leukemie. Het zal 1962 geweest zijn. Het geluid van The Beatles begon toen langzaam tot ons door te dringen. Ik neem aan dat zijn graf geruimd is. Ik ben het daar niet mee eens.

Kerkhofwandeling Collega B. keerde terug van Zorgvlied, dat op 10 minuten fietsen van het verpleeghuis ligt waar wij werken. Ik vraag hem hoe het was.
'Mijn gedachten zakten steeds af van de prachtige bomen naar de graven daaronder, en de doden daar weer onder, en mijn eigen dood overal onder.'

Kerkhofgraffiti Op de muur van het kerkhof zou je dit in fraaie gotische letters willen spuiten:

das werden schleppt das gewesen sein hinter sich her.

Nee, geen idee, ik zag het in een rouwadvertentie. Over een jaar of twintig wordt mijn (nog niet verwachte) kleinzoon door de politie gegrepen tijdens zijn verfspuiterij. 'Maar me opa zei dat hij...'

Kilsdonk, Jan van Februari 1992. Pater Jan van Kilsdonk vertelde me dat hij veel aidspatiënten begeleidde. Hij kreeg zelf iets pfeifferachtigs. Raakte uitgeput. Zijn huisarts, collega P., zag hem in de kerk en zei: 'Je bent ziek.' Liet hem opnemen, vreesde voor zijn leven, zei dit ook. 'Ik denk dat je dood kunt gaan.'

'Zoiets zou ik nooit zo zeggen,' zegt Kilsdonk, 'maar P. is een gereformeerde jongen en in hun visie moet je aan het eind van je leven nog even flink rechtop gaan zitten en de Schepper diep in de ogen kijken, rekenschap geven. Terwijl ik het best zou vinden om zonder erg dood te gaan hoor.'

Kist In de DELA-kroniek lees ik een lekker goedkope mogelijkheid: de huurkist. Je wordt daar in gestopt, in een grote kartonnen doos. Na afloop kist retour depot, en jij de eeuwigheid in in karton. Wat maakt het uit?
Cioran heeft ook een idee over de kist: als je op het punt staat te gaan briesen van woede, denk dan even aan het beeld van je lijk straks in de kist, de rust, de stilte, het vergeefse.
Hij zweert erbij. Wordt er rustig van.

Kisten Collega P. zat zijn avondkrant te lezen en keek uit een ooghoek naar een oninteressant tv-programma over een cruiseschip. De *master of provisons* werd geïnterviewd: hoeveel hammen en eieren er meegaan enz. De interviewer vroeg voorzichtig: 'Gaan er wel eens mensen dood tijdens de reis?' 'Tuurlijk,' zei de man. 'We hebben altijd twintig doodskisten bij ons.' (Shot toont de onheilspellende lading.) P. moest daar erg om lachen, hoewel alleen thuis. 'In jaren niet zo gelachen eigenlijk.'

Kloos, Willem Jacques Perk schreef over Willem Kloos aan Carel Vosmaer:

'De man is een onverbeterlijke huismusch en nog immer in de periode van opbruisen tegen de wereld en een doodvergoder.'

Na de dood van Perk schreef Kloos aan Vosmaer:

'O dat leven, die grijns van bordpapier en klatergoud, waar de eeuwige Nacht achter zit!'

Perk schatte hem goed in.

Koninklijk begraven Op 30 maart 2004 werd prinses Juliana begraven. Of nee, bijgezet, het correcte woord is 'de bijzetting'. Op 29 maart, de dag daarvoor, zond het *Journaal* een korte reportage uit waarin werd getoond waar de prinses bijgezet zou gaan worden. Ik werd er koud van. Ze hadden een computeranimatie gemaakt waarin de camera afdaalt in de grafkelder van de Oranjes in de Nieuwe Kerk in Delft. Trapje af, gangetje in, eerste kamer rechts: daar staan de kisten van Willem van Oranje, Louise de Coligny e.t.q. Kamertje uit, gangetje in, andere kamer. Daar, op houten plankiers, de kist van Willem III en een paar kleine kistjes van onder anderen jonggestorven vergeten prinsesjes en daar Wilhelmina en daar... Claus.
Wat een schok om zijn kist te zien. Hij was op dat moment tweeënhalf jaar dood, maar door de aanblik van die kist sta je ineens weer pal boven op zijn dood. En je wilt terugspringen. Let wel, dit alles in de derdehands beeldsterkte van een computeranimatie. Er werd nog bij vermeld dat de Oranjes in Nederland de enigen zijn die elkaar mogen bijzetten in een grafkelder.
Ik benijd ze niet. Een grafsteen is zo oneindig veel indirecter dan een kist. Geen wonder dat Bernhard even aarzelde om mee naar beneden te gaan.
Er was nog een treffend moment bovenaan de trap. Bern-

hard hing min of meer tussen Irene en Beatrix in en dorst de trap niet af, want hij kon de treden niet goed zien door zijn bril. Die Beatrix resoluut van zijn gezicht af nam.

Kort 'Life is short. Life is very, very short,' schreef de Engels-Ierse auteur J.G. Farrell in oktober 1969 aan zijn nieuwe vriendin Bridget O'Toole. (Cliché of the week.) Tien jaar later was hij dood, verdronken op 44-jarige leeftijd toen een onverwachte golf hem in Kilcrohane, County Cork, van een rots sleurde.
Uit: *The Times Literary Supplement*, 15 januari 2010.

Kunstgebit Stervenden raken vaak uitgedroogd. Tandenpoetsen kan in de laatste dagen als erg hinderlijk worden ervaren. 'Laat haar toch lekker liggen.' Dit leidt er onherroepelijk toe dat ze uit hun mond gaan ruiken, en vaak niet zo'n beetje. Kussen wordt dan minder makkelijk, om niet te zeggen, akelig.
En hier stuiten we op het voordeel van een kunstgebit. Het schoonmaken daarvan is niet zo vervelend en de mond blijft moeiteloos fris. Maar dit is dan ook het enige mij bekende voordeel van een kunstgebit.

Laatste jaren In 1699 was John Evelyn, schrijver, hovenier, politicus, 78 en zijn vriend Samuel Pepys 66. Beide mannen beschouwden zichzelf als steeds dichter naderend tot het graf. Pepys schreef daarover: 'Pray remember what o'clock it is for you and me.' Waarop Evelyn antwoordde: 'An easy, comfortable passage is that which remains for us to beg of God, and for the rest to sit loose to things below.'
Eigenlijk lukt dat niemand. Ja, een makkelijk levenseinde

wensen, dat gaat wel. Maar dat losjes toeven tussen de dingen hier beneden, probeer het maar eens.
Je zou de laatste jaren van bekenden die ons voorgingen op een rijtje kunnen zetten. Ik denk aan Gerard Reve, Philip Larkin, Gore Vidal, Samuel Beckett, Oscar Wilde, Willem Kloos, Immanuel Kant, Jonathan Swift, Hans Warren, ik doe maar een greep. Allemaal ellende door eenzaamheid, lichamelijke aftakeling, dementie. Reve was blijkens de laatste interviews toch eigenlijk een trieste lege huls geworden met een onbegrijpelijke lach. Larkin: opgejaagd door zijn doodsangst moeizaam stervend aan kanker. Vidal, die zijn kreupele lijf van hot naar her bleef rondsjouwen, almaar sacherijniger wordend. De arme Beckett, door zijn versleten longen de anonimiteit van een Parijs' verpleeghuis in gedrongen, stervend in geestelijke verwarring. Wilde, die na zijn tweejarige gevangenschap kapot was en zich niet meer kon oprichten. Kloos, die voorgoed uit dronkenschap opkrabbelde en uit dichtkunst neerdaalde om precies daartussenin jarenlang als 'zijn eigen weduwe' door het leven te gaan. Kant, die in de laatste twee jaar dementeerde, wat ook Swift overkwam. Hans Warren, die tergend langzaam aan een leverziekte bezweek.
Maar niemand zegt op basis hiervan: kwestie van inductie, ik ga gewoon niet mee tot het einde van de rit. Ik stap wel eerder uit. En dan niet in wanhoop, maar gewoon in alle kalmte zeggen: ik ga maar geloof ik, het wordt mijn tijd.
Roz Chast schreef een nietsontziende beeldroman over dit thema. Ze beschrijft de ondergang van haar ouders onder de titel: *Can't we talk about something more* PLEASANT*?*
Waarmee ze de houding van haar ouders tegenover hun naderende dood genadeloos neerzet. Het is een onthutsend

relaas over gebeurtenissen die net zo alledaags zijn als regen, maar als je ze eens duidelijk op een rij zet dan blijkt het alledaagse een ramp.
Ze beschrijft wat oude mensen overkomt voorbij het stadium dat we nog wel willen zien in de advertenties voor trapliften. Haar ouders zijn beiden van 1912, Chast is van 1954, en de ellende begint in 2002 als haar ouders negentig zijn. Tijdens een bezoek valt het haar op dat alles er wat viezig begint te worden. Haar moeder is een en al ruwe bolster met slechts een vermoeden van blanke pit. Vader is een lieve neuroot, een kettingtobber, zoals je ook kettingrokers hebt. Het echtpaar ruziet al zolang ze elkaar kennen, waarbij pa altijd overal gevaren ziet en ma vindt dat niemand moet zeuren. Op een dag valt ma van een trapje waar ze niet op had moeten klimmen. Ze komt in bed te liggen, weigert een ziekenhuisopname, 'want daar ga je dood', terwijl pa op zijn volstrekt onpraktische wijze probeert iets huishoudelijks draaiende te houden.
Dat wordt chaos, ma gaat toch naar het ziekenhuis, darmontsteking, pa gaat mee naar het huis van Roz. Daar blijkt ineens hoe dement hij eigenlijk al is als hij haar midden in de nacht in paniek wakker maakt om te vragen waar hij is en of zij weet waar zijn vrouw is. Hij blijkt tergend gezelschap door eindeloos tobben over niks. Ma komt terug uit het ziekenhuis, thuis gaat niet meer, ook ma wordt gek van zijn dementie, ze gaan na veel halsstarrig weigeren naar een verzorgingshuis. Pa dementeert verder, valt, breekt zijn heup, wordt geopereerd, herstelt niet, gaat naar een hospice, doorligwonden, morfine, longontsteking en eindelijk de dood. Hij is dan 95. Nu dementeert ook ma. Vertelt steeds wildere verhalen, wordt bedlegerig, er ontstaat een

fistel in haar buikwand waardoor haar ontlasting naar buiten lekt. Roz weet een operatie af te wenden en op haar zevenennegentigste sluit ook ma tegenstribbelend de ogen. Chast schetst een bijna ondraaglijk scherp beeld van hedendaagse hoge ouderdom. Het boek leest ook als een toekomstvoorspeller voor de generatie van de schrijfster. Mijn generatie. Ze zegt het nergens, maar het boek is eigenlijk één lange bange vraag: gaan wij straks ook op zo'n onhandige manier langs een alles verscheurend prikkeldraad omlaagklimmen naar het graf? Of zeggen we, nog redelijk intact: 'Hopla!' en springen we over al die ellende heen het graf in?

Laatste oordeel (1) Robert Ross was Oscar Wildes meest trouwe vriend. In 1886, Ross was toen zeventien, Wilde vijfendertig, verleidde hij Oscar, die tot die dag geen seks had gehad met een man. Het werd een definitieve oversteek. Ross bleef Wilde altijd trouw, ook in diens donkerste dagen. Beroemd is de scène waarin Wilde wordt uitgejouwd door een meute als hij geboeid wordt afgevoerd. Te midden van het tumult slaagt Ross erin om op het moment dat de geboeide Oscar langs hem gevoerd wordt met diepe eerbied zijn hoed af te nemen voor zijn geteisterde vriend.
Robert Ross was er altijd: in de champagnedagen, maar ook toen Wilde in de gevangenis belandde en tijdens de verdrietige tweeënhalf jaar die volgden op Wildes vrijlating in 1897. En natuurlijk was hij aanwezig bij Wildes rommelige dood. Het gebeurde op 30 november 1900, waarschijnlijk door een verwaarloosde oorontsteking die uitliep op een meningitis. Na Wildes dood verzorgde Ross zijn literaire nalatenschap. Hij stierf in 1918. In 1950 werd ter gelegenheid van de

vijftigste sterfdag van Oscar Wilde de as van Ross in Wildes tombe bijgezet.
Over wat er lang daarna zou gebeuren had Oscar al eens tegen zijn vriend gezegd: 'Als de Laatste Bazuin klinkt, en wij liggen diep in onze porphyren tombes te rusten, dan zal ik me omdraaien en tegen je fluisteren: "Robbie, Robbie, laten we net doen alsof we het niet gehoord hebben."'

Laatste oordeel (2) Jan C., een oude klasgenoot die ik een keer ontmoette, vertelde me over zijn versie van de jongste dag: vlak voor het einde, alle zielen op aarde verzameld, vliegt Jezus nog één keer over de hoofden ten afscheid voor velen, en tot ziens voor sommigen die zo meteen meegaan naar de hemel. Jan dacht als kind: dat oordeel, daar gok ik niet op, en hij stelde zich voor dat hij Jezus bij zijn enkels zou vastgrijpen en zo zou meevliegen de hemel in. Hij besefte dat dit maar voor één persoon zou werken en hield zijn plannetje angstvallig voor zichzelf, want als iedereen etc.

Laatste woorden (1) U kent ze ongetwijfeld: 'Meer licht!' – 'Een ladder, breng een ladder.'
Maar ik stond laatst bij een veel huiselijker versie waarin het *Jenseits* keurig *verneint* werd. Het gebeurde bij de euthanasie van meneer W., 96 jaar oud, weduwnaar, één zoon, bijna blind en heel erg doof. Hij kon ook nauwelijks meer lopen, zodat hij gedwongen werd om na verzorgd te zijn in de ochtend de hele verdere dag te gaan zitten wachten. 'Wachten waarop?' vroeg hij mij. En hij voegde daar zelf aan toe: 'Op de dood ja. Ik weet wat u wilt gaan zeggen, maar ik wil niet langer wachten. Laat hem maar gewoon binnenkomen, dan hebben we dat ook weer gehad.'

Hij had inderdaad iets laconieks en dat bleef zo tot het laatst. Op de dag van zijn euthanasie begonnen we met een kopje koffie, koekje, praatje en toen ik mijn koffie ophad zei hij: 'Nou, zullen we er dan maar een punt achter zetten?'
Ik vond het een goed idee. Hij hobbelde onder onze begeleiding naar zijn kleine slaapkamertje. Toen hij eenmaal lag ontspon zich een gesprek dat al eerder was begonnen. Meneer had jaren geleden zijn andere zoon, Richard, verloren aan kanker. Bij wijze van troost voor zichzelf en voor zijn vader koesterde de nog levende zoon de gedachte dat vader nu naar zijn overleden kind ging. Dus zei hij: 'Nou ga je naar Richard toe.' Maar vader moest daar niks van hebben.
'Hou toch op, ik ga niet naar Richard, ik ga gewoon dood.'
'Maar ík vind het een fijn idee dat je naar Richard gaat.'
'Dat kan wel wezen, maar ik vind het onzin. Dokter, wat vindt u?'
'Ik vind dat jullie nog altijd goed ruziemaken, maar ik ga er niet tussen zitten, want dan krijg ik natuurlijk ook een paar klappen.'
Waarop vader: 'Ha, hij kijkt wel uit!'
Dat waren zijn laatste woorden.

Laatste woorden (2) Afasie, niet goed kunnen spreken of soms helemaal niet meer kunnen spreken na een hersenbloeding, kent allerlei vormen. Soms rest mensen één zinnetje of één geluid of één uitdrukking. Wij hadden een bewoner die alleen maar 'babbap, babbap' kon zeggen en 'godverdomme'. Het komt wel eens voor dat mensen plotseling iets wat klinkt als een uitbraak weten te forceren uit deze kerker. Zo was er een Engelse afaticus die plotseling tegen zijn vrouw zei: 'Five nights, six nights, seven nights, and then five nights out of seven.' Waarna hij overleed. Tot dan toe had hij jarenlang alleen maar 'no' tot zijn beschikking gehad.

Laatste woorden (3) Artsen hebben zo veel werk omdat mensen zo min mogelijk met de dood te maken willen hebben. Dat loopt nooit goed af, u weet het, maar uitstel is al heel wat. In de afgelopen twintig, dertig jaar heeft er een omslag plaatsgevonden waardoor dat uitstel niet altijd meer als een zegen wordt gezien. Er zijn al heel wat protocollen rond de geplande dood, maar als gemeenschap hebben we hiervoor nog geen vaststaande rituelen zoals bij een verjaardag of een huwelijk. Dat rituelen vaststaan blijkt wel als je probeert te ontkomen aan de Nederlandse driewangskus, een gruwel die hardnekkig standhoudt.
Bij een sterven gaat het om onbetreden sneeuw, dus maakt elke stervende een eigen patroontje. Zo vertelde een collega dat een man bij het plannen van zijn euthanasie haar vroeg: 'En kunt u dan dat rooie jasje en die hoge laarzen dragen?' Zij voldeed daar graag aan en op het moment dat ze met de overdosis binnenkwam kreeg ze er een heimelijke knipoog voor. Het drankje is notoir bitter en scherp en dat levert bijna altijd commentaar op: 'Als ik weer in een kroeg kom zou ik dit nooit bestellen', of: 'Jasses dok, heb je dit zelf klaargemaakt?' Maar ook: 'Zeg maar tegen de volgende dat de smaak erg meevalt.'
De zaak kan mooi fout gaan als zich onder de vele omstanders een verpleegkundige, fysiotherapeut, arts of doktersassistente bevindt die dan wil laten zien dat hij of zij de situatie beter onder controle heeft dan de stoethaspel die nu aan de gang is. Collega K. kreeg bij elke spuit commentaar

vanuit het publiek in de trant van: 'Vergeet de lidocaïne niet. Moet je niet eerst de NaCl spuiten? Zou je dat kraantje niet eerst even dichtdoen?' Hij had een snel stijgende behoefte om deze wijsneus aan de spuit te rijgen, maar constateerde eerst de dood. 'O ja?' zei de pestkop, wijzend op de in strijklicht fraai zichtbare pulsaties in een halsader.
Wat je eigenlijk nooit hoort is dat iemand op het allerlaatste moment zegt: nee, toch maar niet. Vrijwel iedereen komt bij deze mogelijkheid met hetzelfde grapje: 'Sorry, maar zo gaat dat niet. We spélen hier geen euthanasietje, wat denkt u wel? Weet u wat ik allemaal heb moeten doormaken voordat ik mij hier met de overdosis naar toe durfde te slepen?' Etc. etc.
Het mooiste verhaal betreft mevrouw C. Haar arts stond op het punt haar de laatste injectie te geven. Hij keek eerst nog even naar buiten naar een mooie dreigende lucht en debiteerde de woorden: 'Nou, daar komt een schip zure appels aan.' Waarop mevrouw: 'Wat zegt u daar nou?' 'Een schip zure appels, dat is een uitdrukking als je een plensbui ziet aankomen.' Mevrouw kende die uitdrukking niet, maar terwijl ze hem haar arm aanbood voor de beëindiging van haar leven zei ze: 'Nou ja, weer wat geleerd.'

Laatste woorden (4) Generaal John Sedgwick:

'They couldn't hit an elephant at this distance.' – sometimes rendered as '... at this dis.'

La-di-da Bij het sterfbed van zijn veel jongere vriend zegt meneer K.: 'Zo ver zal het met mij nooit komen. Nooit! Want dan heb ik me allang door me kop geschoten.'

Dit is een van die terugkerende deuntjes die mensen steevast zingen bij een moeizaam sterfbed. En als je het eenmaal een keer of zes gehoord hebt, dan ontstaat er een tegendeuntje: 'La-di-da, daar gaat-ie weer.'
Naast vermeende flinkheid klinkt er ook een verwijt in door jegens de stervende die het zo ver heeft laten komen. Wij, de omstanders, moeten maar zien hoe we al die ellende handenwringend doorstaan.
Voor degene die het zegt is het een hele ontdekking over zichzelf. Ze menen iets gewichtigs te zeggen over de eigen stoerheid. Omdat je het zo vaak hoort klinkt het ongewild komisch, want degene die daar ligt, de sukkel van vandaag, die zei gisteren precies hetzelfde, en daarom: la-di-da, daar gaat-ie weer.

Larkin, Philip (1)

Aubade

Ik werk de hele dag en word 's avonds halfdronken.
Om vier uur word ik wakker en staar in het geluidloos
donker
Straks gloort er licht aan de rand van de gordijnen
Tot dan zie ik wat er eigenlijk altijd is
de rusteloze dood, alweer een hele dag dichterbij,
Ik kan aan niets anders denken dan hoe
en waar en wanneer ik zelf zal sterven.
Vruchteloos gevraag: maar de angst
om dood te gaan, en dood te zijn,
flitst opnieuw tevoorschijn, je verstijft van afschuw.
De geest deinst terug. Niet wegens spijt

over het goede dat je niet deed, de liefde die je niet gaf,
de vermorste tijd, ook niet in wanhoop, je hebt maar één leven
om weg te klimmen van de valse start, soms niet lang genoeg;
maar wegens de totale altijddurende leegte,
de onafwendbare uitwissing waar we naar toe reizen
en voor altijd in verloren zullen zijn. Niet hier zijn,
nergens meer zijn
en al gauw; het is echt verschrikkelijk, en het is echt waar.

Een heel speciale angst dit
door niks weg te nemen. Godsdienst probeerde het wel,
dat enorme, door motten aangevreten muzikale brokaat
gecreëerd om net te doen alsof we nooit sterven,
en dan slimme praatjes in de trant van: een rationeel wezen
kan niet bang zijn voor iets wat het niet zal ervaren, maar
dat is nu net waar je zo bang voor bent – geen zien, geen geluid,
geen aanraking of smaak of geur, niets om mee te denken,
niets om van te houden of je mee te verbinden
de narcose waaruit niemand wakker wordt.

Het blijft hangen aan de rand van je gezichtsveld,
Een kleine onscherpe waas, een staande kilte
Die elke aanvechting vertraagt tot besluiteloosheid.
De meeste dingen hoeven nooit te gebeuren: maar dit wel,
en het besef zou je als angst voor verbranden willen uitkrijsen
als je het even zonder mens of drank moet zien te redden.
Moed maakt niks uit: het betekent alleen maar dat je de anderen niet bang maakt.

Flink doen helpt niet tegen het graf.
De jankerd en de flinkerd eindigen even dood.

Het licht wordt langzaam sterker, de kamer krijgt vorm.
Het staat er, simpel als een klerenkast, wat we weten,
altijd hebben geweten, weten dat er niet aan valt te ont-
  komen,
maar niet kunnen accepteren. Eén kant zal moeten wijken.
Inmiddels duiken telefoons ineen, klaar om te gaan rinkelen
in afgesloten kantoren, en de hele onverschillige ingewik-
  kelde
verscheurde wereld begint zich op te richten.
De lucht is wit als klei, zonder zon.
Er moet gewerkt worden.
Postbodes gaan als dokters van huis tot huis.

Vertaling: B.K.

Larkin, Philip (2) 'The days are like a beer-tap left turned on – jolly fine stuff all running to waste.'
'De dagen zijn als een biertap die per ongeluk openstaat: heerlijk spul dat zomaar wegstroomt.'

Leegte Een van de vragen waar filosofen nogal eens mee zitten, is hoe het lukt om leegte te beschrijven. Je doet de koelkast open en roept: 'Er is geen kaas!' Hoe zie je dat? Hoe verschilt 'er is geen kaas' van 'er is geen ham'? Doet denken aan het eethuisgrapje waarin de man om een broodje ham zonder mosterd vraagt en de bediening zegt: 'Mag het ook zonder honing zijn? De mosterd is op.'
Maar de dood gaat over een heel ander soort leegte.

Leven na de dood (1) De Trobriand-eilanders legden aan de Poolse antropoloog Bronisław Malinowsky uit dat vrouwen in de branding bevrucht worden door goden uit zee. Malinowsky kwam met onze versie en hun antwoord was: ja dat helpt wel, maar het is niet echt nodig.

Ik hield een lezing over de ziel, geestelijk leven. Ik probeerde de gedachte te ontzenuwen dat er ergens ín de mens een ziel zit. De beste methode om van die notie van een letterlijk te nemen innerlijk leven af te komen, is jezelf dwingen om alleen naar het lichaam van een mens te kijken zonder acht te slaan op de mogelijke ziel die daarin zit. Wat zegt-ie nou? Gewoon: kijk eens naar het lichaam van je man of je vrouw en vergeet haar ziel. En vervolgens het tweede deel van de oefening: nu moet je niet naar het lichaam van je vrouw kijken, maar naar haar ziel. Dat lukt niet, zegt Wittgenstein, omdat het menselijk lichaam het beste beeld is van de menselijke ziel.

En wat het woordje 'in' betreft, dat we zo makkelijk gebruiken als we zeggen dat er geestelijk leven in een lichaam zit: dat is weer een heel andere bananenschil. Je kunt immers in je tweede huwelijk in Groningen zitten in een Fiat 500, terwijl je diep in de problemen zit rond je baan in het verzekeringswezen. Vijf keer 'in' waarbij we geneigd zijn om alleen het zitten in een Fiat 500 als begrijpelijk, want ruimtelijk, uit te boeken.

Volgens mij was de conclusie van mijn betoog onweerlegbaar: de ziel, geestelijk leven, kan zich niet losmaken van het lichaam. Of in hedendaags Nederlands: je komt wel eens hersenen tegen zonder geest (denk aan een dode), maar nooit een geest zonder hersenen.

Filosofie is niet altijd verrijkend, want mensen voelen zich meestal armer na deze uiteenzetting. Ietsisme heeft niet alleen een kosmische dimensie, ook binnen onze eigen anatomie koesteren mensen graag de illusie dat er Iets is wat niemand begrijpt: de geest!

Na afloop kwam een Indische dame mij opgewekt vertellen dat haar recent overleden man de afgelopen nacht nog aan haar bed verscheen. 'In onze cultuur gaan die dingen heel anders, dat weet u zeker wel.'

'Maar hoe zag de geest van uw man er dan uit?'

'Nou, hij stond gewoon aan het voeteneind van mijn bed en begroette mij.'

Ik wilde mijn gelijk gaan sputteren, maar ze pakte mijn hand geruststellend vast en zei, nog steeds aanstekelijk lachend: 'U begrijpt dat soort dingen niet en dat is helemaal niet erg hoor.'

Goden uit zee, dacht ik. Wat lijkt filosofie dan ineens stakkerig. Slimme praatjes waar geen troost bij zit.

Leven na de dood (2) In *Howard's End* schreef E.M. Forster: 'Death destroys a man: the idea of Death saves him.' Sterven is dodelijk. Maar het is ook een zegen, omdat voor altijd doorleven onherroepelijk zou eindigen in een toestand van terminale verveling. Ieder begrip van opschieten, vorderen, groeien, verbeteren of verslechteren zou in een verstikkend grijs verdwijnen als er altijd, maar dan ook altijd, nog tijd over is. De dood zit ons op de hielen, daarom blijven we in beweging.

Leven na de dood (3) Dr. Samuel Johnson zei dit in 1778: 'It is wonderful that five thousand years have now elapsed since the creation of the world, and still it is undecided

whether or not there has ever been an instance of the spirit of any person appearing after death. All argument is against it; but all belief is for it.'
'Verbazend dat er nu vijfduizend jaren zijn verstreken sinds de schepping van de wereld en dat het nog altijd onduidelijk is of er ooit een geest van een persoon verschenen is na de dood. Al ons denken verwerpt de mogelijkheid; al ons geloven is er vóór.'
Uit: James Boswell, *Life of Johnson* (1791).

Leven na de dood (4) 'Ebendieselbe Unwissenheit macht auch, daß ich mich nicht unterstehe, so gänzlich alle Wahrheit an den mancherlei Geistererzählungen abzuleugnen, doch mit dem gewöhnlichen, obgleich wunderlichen Vorbehalt, eine jede einzelne derselben in Zweifel zu ziehen, allen zusammengenommen aber einigen Glauben beizumessen.'
'Eenzelfde onwetendheid maakt dat ik het wel aandurf om de waarheid van heel wat spookverhalen zeer beslist te ontkennen, maar met het gebruikelijke en vreemde voorbehoud, dat ik ze elk op zich betwijfel terwijl ik aan al die verhalen bij elkaar genomen wel enig geloof hecht.'
Immanuel Kant, *Träume eines Geistersehers* (1766).

Leven na de dood (5) Arthur Conan Doyle (1859-1930) verloor zijn zoon Kingsley in de Eerste Wereldoorlog. Verzwakt na de strijd aan de Somme kreeg de jonge man tegen het einde van WO I een griepje en stierf. Dit was denk ik enige tijd vóór de beruchte Spaanse griep van 1919. Conan Doyle verzonk na dit verlies in een diepe depressie. In de woorden van A.N. Wilson:

'Hij had het katholieke geloof verlaten, maar was altijd op zoek naar iets vervangends. Zo ontdekte hij de schoonheid van de Andere Zijde. Hier het verslag van een seance die hij met zijn vrouw Jean bijwoonde:
"Er was meteen sprake van sterke verschijnselen en het medium was steeds aan het kreunen, mompelen en praten zodat er geen twijfel over bestond waar hij was. Plotseling hoorde ik een stem: 'Jean, ik ben het.' Mijn vrouw huilde: 'Het is Kingsley.' Ik zei: 'Ben jij dat, jongen?' Intens fluisterend zei hij op een geheel eigen toon: 'Vader!' En even later: 'Vergeef mij.' Ik zei: 'Er was nooit iets om te vergeven. Jij was de beste zoon die een man ooit had.' Een sterke hand werd op mijn hoofd gelegd om het langzaam naar voren te duwen, en ik voelde een kus op mijn voorhoofd. 'Ben je gelukkig?' huilde ik. Er was een pauze, en toen heel zachtjes: 'Ik ben zo gelukkig.'"'

Wilson voegt hieraan toe:

'Sommige lezers met een hart van steen zullen dit belachelijk vinden. Maar ik moest huilen toen ik het las...'
Uit: *The Times Literary Supplement*, februari 2000.

Leven na de dood (6) Onder het motto 'Hij heeft het er steeds over, dus zal hij er wel verstand van hebben' werd ik ineens geïnterviewd voor een glossy over de dood. Maar wie heeft er verstand van de dood? Ik zou zeggen: de mate waarin het je dwarszit, sterfelijkheid, is erg wisselend en die wisselingen nemen af naarmate je ouder wordt. 'Kom je dan terecht in een gelijkmatige doodsangst?' vroeg ze. Nee, dat niet, het ligt anders. In je jonge jaren had je het vaak over

de Dood, en in je latere jaren heeft de Dood het steeds over jou.
Als je over de dood praat kom je onherroepelijk bij de vraag: wie of wat zijn wij eigenlijk? Wat onderscheidt ons van de dieren? En is hun aanwezigheid op aarde vanzelfsprekender dan de onze? Krijgt het leven op aarde, ik bedoel al het biologische leven, pas in ons de bizarre samenstelling waaruit die typisch menselijke schreeuw om genade opklinkt? Zag jij ooit een merel in tranen bij haar leeggeroofde nest? Of een aap zijn vuist schudden tegen een onweersbui?
Wat is de aarde eigenlijk voor een plek? Ik las in NRC over de oudste bacteriële fossielen die 3,6 miljard jaar geleden leefden in Groenland. De aarde, 'onze' aarde, zag er toen erg anders uit. De lucht was oranje, de zeeën felgroen. De atmosfeer bestond uit methaan, stikstof, zwaveldioxide en veel koolstofdioxide. Nee, nog geen zuurstof, dat kwam pas later toen planten aan de gang gingen. Het droge land bestond uit kale rotsen. Stel je voor dat het daarbij was gebleven, dan zaten wij hier niet te praten. Kinderen vragen zich wel eens af: waar was ik dan voordat ik werd geboren? Maar de mensheid kan zich dat ook over zichzelf afvragen. En dan verhuis je geestelijk naar die aarde in wording.
Weet je trouwens dat niemand weet waar al het water op aarde vandaan komt? Of hoe leven ontstond? Maar goed, het was er, en bacteriën werden planten en toen dieren. Het zou vervolgens nog miljarden jaren duren totdat er onder die dieren eentje geleidelijk zijn koppie zo ver boven het maaiveld uitstak dat-ie de dood in de verte kon zien. Ja, een pechvogel. Hij besefte in de tijd te leven. Dit was alle andere levensvormen gespaard gebleven. Wel een onthutsende gedachte: totdat de mens er was, of geleidelijk arriveerde, had

niemand enig idee dat zich op deze planeet iets bijzonders aan het afspelen was. Is het niet verwonderlijk te bedenken dat als de evolutie gestopt was bij chimps en bonobo's en orang-oetans, of nee, gestopt bij die hominide die nog net niet goed kon tellen, dat dan niemand zou weten dat er leven was op aarde? Want het is in de mens dat de natuur haar ogen opslaat en ziet dat zij er is. Hoewel, je zou ook kunnen zeggen dat God altijd alles in Zijn hand had. En dan is het niet de mens die als eerste in de gaten had dat er iets op aarde gebeurde. God wist al die miljarden jaren dat de bacteriën, de planten en de dieren er waren. Daarom is de gedachte aan de dood van God veel ontwrichtender dan de meeste mensen beseffen.
Toen zette ze haar recorder uit, begon te lachen en zei: 'Ik ben christen! Ik vind dat u erg mooi praat over uw ongeloof, mag ik voor u bidden?' Maar graag zelfs, je weet maar nooit. Ze zei: 'Ik ga het niet met mijn ogen dicht doen, anders gaat iedereen kijken.' En toen begon ze rustig sprekend een vriendelijke smeekbede aan Jezus om voorzichtig te zijn met Bert. 'Ik mag u toch Bert noemen? Doet Jezus ook, denk ik zo.'
U mag lachen, maar ik was ontroerd. Ze heeft me ook nog beloofd dat als we elkaar in het hiernamaals tegenkomen, zij me niet zal uitlachen om mijn domheid. Nee, ze zal rustig op me af komen en koffie met gevulde koek bestellen en dan vinden we het gewoon een leuk toeval dat we elkaar tegen het lijf lopen. 'Maar we hebben dan geen lijf natuurlijk.'
Ten afscheid kreeg ik een kus. Ik fietste opgetogen naar huis, want wie het kleine niet eert die kan het Rijk der Hemelen wel vergeten.

Leven na de dood (7) In 2005 stierf de laatste nog levende zus van mijn moeder. Ze is nooit getrouwd. Met haar broer zette ze het café van haar ouders voort, ergens in de polder tussen Bunschoten en Nijkerk. Ze was een wijze, humorvolle vrouw. Dat kwam denk ik door het café, waar ze elke dag uitvoerig werd voorgelicht over de aard van het leven. Toen mijn eerste boek uitkwam las ze het wel, maar met grondige afkeuring en de hartelijk bedoelde vermaning: 'Als je moeder eens wist dat je dit geschreven had.' Waarmee ze bedoelde dat het maar goed was dat dit mijn moeder nooit ter ore zou komen, want ze was vroom katholiek gebleven. Na haar dood ging mijn broer naar haar woning en hij dacht er even over haar zitstoel mee te nemen. Hij tilde het kussen op en vond daar een recensie die ik in 1997 schreef voor *de Volkskrant*. Ook weer zo'n tekst waarvan zij zou zeggen: 'Maar goed dat je moeder etc.' Neem een zin als deze:

'In de jaren vijftig bevond het Nederlands katholicisme zich in een zijsteeg van de Europese ideeëngeschiedenis, wonderbaarlijk geconserveerd, want op luttele afstand van deze wereld-volgens-Dante, raasde de twintigste eeuw voorbij over de ruime banen van intellectueel Europa. Wittgenstein was al weer dood, Beckett had bijna zijn Nobelprijs, maar in onze parochie bleef de Drievuldigheid een ondoorgrondelijk mysterie.'

Ik vroeg me af waarom ze dat stuk zes jaar lang onder een stoelkussen had bewaard. Mijn broer suggereerde: 'Ze was er zo kwaad op dat ze dacht: ik ga d'r op zítten!'

Leven na de dood (8) Vijfentwintig jaar na de dood van zijn vader kreeg collega B. (via een tante die getrouwd was met een pasgestorven broer van zijn vader) wat persoonlijke bezittingen van zijn pa toegestuurd. Onder andere een collegekaart uit 1946. 'Dat fotootje daar lijk ik sprekend op,' vertelt hij ontroerd. De eindexamencijfers van het gym zaten er ook bij. Die heeft B. meteen naast de zijne gelegd. Viel mee, scheelde maar 1 puntje, natuurkunde om precies te zijn.
Zo is hij na vijfentwintig jaar ineens weer, vertederd, in gesprek met zijn vader, in een sfeer van vriendelijkheid die er helaas nooit was. Nou ja, zelden, want er werd altijd gevit op zijn schoolprestaties.

Lévi-Strauss, Claude De cultureel antropoloog sprak op zijn honderdste verjaardag de woorden: 'Je suis un monument, mais un monument peu visité.'

Licht Meneer J. was ooit priester. Nu heeft hij darmkanker en mag hij dood na wat hij beschrijft als een heel lang en mooi leven. Ik bezoek hem als SCEN-arts. Het staat niet in het protocol, maar ik vraag na alle medische rompslomp, waar hij heen gaat na de dood.
'Ik ga van de ader van het leven naar de ader van het licht. Heb ik ook altijd zo gezegd tegen stervenden die ik mocht bijstaan: maak je geen zorgen, je gaat naar het licht. Je bént licht!'
Hij raakt enigszins in vervoering.
Ik niet. Ik vind het machteloze prietpraat. Wat nou 'ader van het licht'? Zou het uit een of ander gedicht komen? Als ik de uitdrukking google krijg ik van alles over spataderen. Net goed.

Later die middag zat ik bij mijn tweede SCEN-consult van die dag, een vrouw van in de tachtig in een woonwagenkamp. Ook zij sprak over het goede leven dat achter haar lag. Ik kreeg een kopje thee en een stukje lekker bittere chocola. Ik vroeg ook haar: 'Denkt u dat er iets is na de dood?' In haar antwoord somde ze eeuwen vruchteloos geworstel op: 'Je hoopt van wel, maar je denkt van niet.'

Liefde Op bezoek bij meneer S. Hij kan niet langer spreken wegens ALS. Hij gebruikt een spraakcomputer, een apparaat waar je tekst in typt die het ding vervolgens uitspreekt. Hij heeft hem gehuurd en op een dag klonk er spontaan een tekst van de vorige eigenaar. Het gebeurde toen zijn huisarts hem bezocht. Ze was net bezig zijn bloeddruk te meten toen uit het apparaat ineens deze woorden klonken: 'Dat het zo ver heeft moeten komen voordat ik ontdekte dat ik je zo liefheb.' De huisarts keek hem onthutst aan. Het duurde wel even voordat dit was opgelost, want hij was niet in staat om meteen te zeggen: 'Niet luisteren, dat ding gaat vanzelf.' Zijn vrouw legt mij uit: 'Mensen die dit [man sterft, vrouw moet alleen verder] nooit hebben meegemaakt, weten niet wat liefde is.'
Ik zei dat ik dat dan liever nog even niet weet. Ik zei het voorzichtig.

Lijk (1) Etymologie. Doen we maar één keer hoor, etymologie, anders is er geen houden aan. De geschiedenis van een woord dooft meestal uit in een vergelijkbare klank in een andere vergeten taal, waarna je weinig wijzer bent, tenzij je zoals ik een gevoel van diepte krijgt bij termen als Oudsaksisch, Oudfries, Oudnoors, Germaans, Gotisch. Voor mij al-

lemaal verwijzingen naar de uitgestrekte loofwouden waarmee Europa ooit was bedekt. En wat zeiden ze daar tegen een lijk? *Lîk*, *leik.* De Vries, *Etymologisch woordenboek* (Aulapocket 1967), zegt: 'Het schijnt een typisch Germaans woord te zijn. De beproefde etymologieën voldoen niet.'
Maar 'lijk' komt terug in 'lichaam'. Lich aam, lijk haam. Haam = omhulsel, denk aan 'hemd' en 'hemel'. 'Haam' = houten halsband van paardenborstriem. Lichaam wordt dan 'levend hemd', 'vleesmantel'.
'Levend hemd' vind ik mooi. Wat mij zo treft is de zekerheid dat dat hemd 'ergens omheen' zit. De ziel!
De Vries stelt dat het in oorsprong waarschijnlijk een dichterlijk woord was en dat een aanstellerig typje op zekere dag met deze metafoor op de proppen kwam. De rest van de stam wou de zegswijze niet meer kwijt.

Lijk (2) Er zijn nogal wat mensen die iets zeggen in de trant van: 'Gooi mij maar op de composthoop', maar als nabestaande heb je daar niks aan. Niet 'flink' doen dus, maar gewoon bij leven en welzijn kiezen voor begraven of cremeren.
Ik zag laatst een foto van een wel heel bijzondere omgang met de doden, die alles weerspreekt wat ik daar ooit over in mijn hoofd had. Ik dacht namelijk het volgende: als we de doden zouden begraven in kisten met een glasplaat als deksel zodat we goed zouden kunnen zien wat er met een lichaam gebeurt na de dood, dan zouden we alle ideeën over mogelijkheden van een leven na de dood onmiddellijk opgeven. Maar in die glossy over de dood zag ik een foto met als onderschrift: 'De Toraja, een grote stam in Indonesië, halen elk jaar in augustus hun overleden familieleden te-

voorschijn. Ze wassen ze, kleden ze om en kammen hun haren. Hun geesten zijn er namelijk nog en die hebben ook aandacht nodig.' Op de foto zie je twee rechtopstaande, deels verdroogde, deels verrotte lijken. Ze zien er des te gruwelijker uit omdat ze mooie frisse kleren aanhebben. Een man zet een fleurige hoed op het hoofd van een van hen. Als je ziet hoe aandachtsvol er met deze lijken wordt omgegaan, dan voel je een zekere gêne bij weloverwogen uiteenzettingen over hoe er niks is na de dood. Het enige wat me dan nog te binnen schiet is de constatering dat wij mensen onbegrijpelijke pieremachochels zijn.
Wat ik niet helemaal snap in mezelf is dat ik ontroerd word door deze liefdevol aangeklede lijken en vervolgens geïrriteerd raak door de figuur van collega Eben Alexander, Amerikaans neurochirurg, die ook in het tijdschrift staat en die tijdens een coma de waarheid ontdekte over ons leven na de dood. Uit een krankzinnig mengsel van kwantumfysica, bewustzijn, bijna-dood, reïncarnatie, coma en hemel ontstaat zijn inzicht in 'de werkelijke realiteit'. Dat inzicht is dat we straks allemaal naar de hemel gaan, ja, ook alle dieren, en dat het daar goed is. Wat een openbaring.
Volgens collega S. is mijn wrevel pijnlijk goed verklaarbaar. Ik ben namelijk een ongeneeslijke eurocentrist, die met een 'ach gut'-blik naar de Toraja kijkt en met walging naar Eben Alexander omdat ik vind dat die Toraja het niet kunnen helpen, maar dat een neurochirurg beter zou moeten weten. Beetje negentiende-eeuws gedachtepatroon daar.

Lijk op reis Meneer B. is gestorven na een 'lang en moedig gedragen ongelijke strijd' te midden van vrouw en dochters. Ze zijn de laatste weken echt heel erg lief voor hem geweest.

Het lichaam wordt eerst naar de begrafenisonderneming vervoerd. Een dag later wordt hij weer teruggebracht naar ons verpleeghuis en opgebaard in de rouwkamer. En ten slotte gaat hij ook nog een dag voor de begrafenis naar het kerkhof voor het afscheid aldaar.
De weduwe zegt tegen mij: 'Dat gesjouw met hem vind ik vreselijk. En dan zeggen mensen: hij merkt er toch niks van? Maar dat is toch een erg stomme opmerking?'
Vind ik ook.

Longkanker Op internet las ik: 'For more information on lung cancer: keep smoking.'

Maden (1) In een deftige kostschool in Engeland zat ik bij kaarslicht aan aan een banket in een prachtige eetzaal met, inderdaad, schouderhoge eiken lambrizering waarboven portretten van oude *headmasters* die enkele eeuwen teruggingen. Ook de huidige vorstin keek enigszins stuurs op ons neer, naast haar grootmoeder, die de zaak althans van binnen de lijst heel wat makkelijker leek op te vatten. Aan onze tafel werd het woord gevoerd door generaal b.d. Hatfield Stowbridge, oud-leerling van de school, die vertelde dat hij in zijn schooltijd slechts één keer een prijs had gewonnen voor zijn intellectuele prestaties.
'Het ging om een examen dat je moest doen als je je op de een of andere wijze bij de strijdkrachten wenste te voegen.' Hij werd voor de uitslag bij de headmaster geroepen, die hem plechtig meedeelde dat hij de eerste prijs had gewonnen. Hij voegde daar echter fijntjes aan toe: 'Tevens ben ik bang, Hatfield Stowbridge, dat je de enige kandidaat was.' Niettemin kreeg hij het bijbehorende gouden horloge met

op de achterkant een fraaie inscriptie. Hij las 'ACIE RIN OXY DABLE' en vermoedde een Latijnse aansporing die waarschijnlijk iets moest betekenen in de richting van het schoolmotto: 'semper gloria excelsior per omnia Britannica encyclopedia nog wat', maar er bleek in het Frans te staan: 'roestvrij staal'. 'Nou ja,' besloot hij, 'dat ís eigenlijk het schoolmotto.'

Zijn vrouw vertelde een ander avontuur, nu met de huidige headmaster. Zij liet eerder die middag haar hondje uit en had keurig het poepzakje bij zich voor het geval FrouFrou zichzelf een ogenblik zou vergeten. FrouFrou deed dat toch, maar te midden van een hoop bladeren en mevrouw slaagde er niet in het product te lokaliseren. Terwijl zij nijver aan het zoeken ging kwam de headmaster langs, die vroeg wat er aan scheelde. Zij legde het uit en hij bood onmiddellijk aan mee te helpen. Na een tijdje vergeefs poeren in de bladeren riep de headmaster verheugd: 'Kijk eens aan! Ik heb hier een ouwe, zouden we de zaak maar niet liever laten rusten met de verwijdering daarvan? Ik bedoel, er is dan toch een zekere balans bereikt, wat dunkt u?'

Het ene verhaal lokt het andere uit en van FrouFrou kwamen we bij de kleine Ritchie, de zevenjarige zoon van de wiskundelerares. Hij komt tegen middernacht meestal uit bed, loopt halfwakker linksaf naar de wc, doet zijn plas en marcheert weer terug naar bed. Maar op een avond liep hij rechtsaf de slaapkamer van zijn ouders binnen, waar hij rustig ging staan plassen in de wasmand. De jongen wakker maken leek onverantwoord, want ook in Engeland gaat men er van uit dat slaapwandelaars 'erin kunnen blijven' als je ze stoort. 'Ik heb er maar zo veel mogelijk linnen onder gelegd', was de reactie van zijn moeder.

Ectopisch urineren is overigens een mannenprobleem dat ook in latere jaren nogal eens de kop opsteekt, vooral na alcohol. De generaal kwam eens dronken thuis met een paar vrienden. Terwijl de butler in de keuken een kopje thee ging zetten, knoopte een van zijn maats zijn gulp los om midden in de bibliotheek te gaan staan plassen. Hatfield Stowbridge griste een lege sherrykaraf van een tafeltje en wist het fors sproeiende lid van zijn vriend er nog net op tijd in te proppen.

Nu kwam het volgende vieze verhaal. Een van onze disgenoten was zangeres en na een optreden in de provincie werd zij eens diep in de nacht naar huis gereden. Die middag had ze een heerlijk brok Stilton gekocht, Engelands lekkerste stinkkaas. In de donkere auto rommelde ze de kaas uit haar tas tevoorschijn en begon er verlekkerd brokken af te breken om die te verorberen. Thuisgekomen legde ze de rest van de kaas op de keukentafel, trok een fles wijn open en wilde nog wat tv gaan kijken. Op weg naar de huiskamer zag ze iets wriemelen in of rond de resterende brok kaas, en toen ze het papier openvouwde keek ze in een krioelende massa maden.

Eerst de ijselijke gil en vervolgens de vraag: wat te doen? Vinger in de keel? Maar dan moet je die maden passage verlenen door je mond. Dat nooit natuurlijk. Ze belde het naburige ziekenhuis, waar de dienstdoende arts beloofde het even voor haar na te slaan. Inmiddels had haar man een stevige whisky voor haar ingeschonken, zodat zij zichzelf moed in kon drinken en tegelijkertijd de maden in haar maag verdelgen.

Na een kwartier belde de arts terug. Hij vroeg of ze vegetarisch was. Nou nee. 'In dat geval,' zei de collega, 'zou ik ze maar laten waar ze zitten, want ze kunnen u niets doen. De enige reden om uw maag leeg te pompen zou uw psychische nood zijn.'

Ter afronding wilde mijn tafeldame graag iets vertellen over haar zoon die cameraman was bij de BBC en die tijdens een golfwedstrijd op een meter of tien boven het publiek achter de camera op zijn hoogwerker ineens overvallen werd door een heftige, niet weg te slikken golf van misselijkheid, waarschijnlijk veroorzaakt door een verkeerde pizza van de vorige avond. Hij begon terstond te braken zodat de menigte onder hem getrakteerd werd op... Maar zij kreeg niet de kans het verhaal af te maken. Vier, vijf handen werden over haar mond geplaatst en zij kwam nog slechts tot onsamenhangend gebrabbel waarin ik 'een soort zure motregen' en 'harde stukjes' in verdraaide versie meende te onderscheiden.

En toen kwam de kaas.

Stilton, gevuld met port.

Maden (2) Verpleeghuis. Terwijl ik in het rapport blader, komt er een telefoontje van de afdeling. Collega H. neemt hem op: 'Wat?' roept zij uit. 'Nee toch?... O kind, wat vreselijk... Ik begrijp dat het je aanpakt... Nog nooit zoiets meegemaakt... Jemig.' Dat gaat zo maar door totdat het mededogen bijna tot aan het plafond is opgestapeld maar wij nog steeds niet weten wat er zo erg is.

Terwijl ze de telefoon neerlegt kijkt ze ons geschokt aan met de vraag: 'Jullie raden het nooit!'

'De paus heeft een dochter?' probeert collega F.

'Verpleeghuizen blijken onnodig?'

'De Beatles zijn weer samen?'

'Nee. Er zitten maden in de wond van meneer B.'
Maden? Dat willen we wel eens zien. Gelukkig is meneer B. een weinig dementerig en heel erg doof, zodat hij al de belangstelling voor zijn onderbeen als een gezellige afwisseling opvat.
Wij treden ernstig en vastberaden zijn kamer binnen en terwijl mijn collega 'denk aan D-Day, de moed die daarvoor nodig was' fluistert, til ik voorzichtig de wondgazen op.
Hoewel gewaarschuwd, deinzen we allebei geschrokken terug. Gadverdamme!
Een kwartiertje eerder deinsde de niet gewaarschuwde zuster Gerda allerminst terug, maar sprong ze met een woeste kreet achteruit waarbij ze de volle po die ze even op de stoel had gezet vergat, zodat die kletterend op de grond lazerde, waarna zij, in haar onhandige paniek om weg te komen bij de wond, uitgleed over de inhoud.
Wij kijken schaapachtig naar 179 maden die ijverig rondkrioelen in een inderdaad opvallend schoon wondbed. We verzekeren elkaar dat dit allemaal klopt, ze eten alleen dood weefsel, ze worden daar zelfs voor gebruikt, vertelt F.
'Je kunt het geloven of niet,' zegt hij 'maar in Leiden is een collega bezig met het kweken van medische maden. Nou jij weer.'
'Fijn, maar wat moeten we ermee?'
'Moet je eens kijken hoe ze bewegen,' zegt F. 'Wat een prachtige peristaltiek.' Hoofdzuster Mieke komt ook even kijken.
'Ik begrijp de opwinding niet,' zegt ze koeltjes. 'Als je even wacht worden het vliegen.'
'Als Eisenhower even gewacht had spraken we nou allemaal Duits,' antwoordt F. snedig, maar hij kent Mieke niet, die een hand op zijn schouder legt onder de toevoeging: 'Rus-

sisch, lieverd', waarna ze ons met een triomfantelijk lachje alleen laat.
F. doet met enig ceremonieel een schort voor en handschoenen aan, en wil de engerds er met een pincetje een voor een uit gaan rapen, maar ziet dat dat wel erg lang gaat duren en veegt ze resoluut in zijn hand waarna hij ze in een door mij opengehouden vuilniszak deponeert.
'Doe die zak in godsnaam goed dicht!' roept hij, alsof het addertjes zijn.
Wij nemen hartelijk afscheid van meneer B., die zichtbaar geroerd zegt: 'Ik weet het heus niet hoor meneer. "Dokter" zal ik maar zeggen hè?'

Magritte, René Zijn moeder stierf door zelfmoord. Dichter-schrijver Louis Scutenaire over Magritte:

'Het enige gevoel in verband met dat voorval, dat Magritte zich herinnert of meent te herinneren, is dat van een heftige fierheid [trots] bij de gedachte het meelijwekkend centrum te zijn van een drama.'

Wat er gebeurde: in de nacht van 23-24 februari 1912 werd Paul Magritte, de jongste, wakker en merkte dat hij alleen in zijn kamer was, terwijl zijn moeder gewoonlijk bij hem op de kamer sliep. Hij alarmeerde het gezin. Men ging de vrouw zoeken en ontdekte op de drempel en de stoep voetsporen. Die leidden naar de brug over de Sambre tegenover het huis. Pas zeventien dagen later, op 12 maart rond 11 uur, werd haar lichaam in La Praye uit de rivier opgevist.
Ik begrijp die voetsporen niet helemaal. Bloed? Nee. Had ze hele vieze schoenen aangetrokken? Lag de stoep vol zand?

Magritte schilderde nogal eens hoofden omwikkeld met doeken. Het zou de jurk zijn van zijn dode moeder die rond haar hoofd terecht was gekomen in het water.

Makkelijk? Mevrouw M. is 87. Vanmiddag hoge koorts, dalende bloeddruk, snelle pols, al gauw nauwelijks aanspreekbaar. Sepsis. We staan bij het bed. Zuster Mieke en ik kijken elkaar aan. Zonder veel gepraat komen we tot een beleid: we doen niks.
Nu hebben we op het ogenblik een coassistent, wakker type, en die lazert bijna uit haar stoel als ze ons zo hoort praten. Omdat we hier iemand zonder enige vorm van nadenken aan de dood lijken over te laten. Haar vader is huisarts. 'Mijn vader die...' Ze weifelt. 'Mijn vader die neemt nooit dit soort besluiten, in elk geval niet zomaar.'
Ik leg haar uit dat de vele vragen die ze zou willen stellen allemaal grondig doorgewerkt zijn. Wij kennen mevrouw M. namelijk al vijf jaar, niet alleen mevrouw maar ook haar zoon. Maar als ik deze vrouw als waarnemer in een ander verpleeghuis zou aantreffen, dan zou ik een hele drukke middag hebben. Nu is het in één telefoontje met haar zoon geregeld. Maar om het zo te kunnen afhandelen hebben we jaren voorwerk gedaan.
Ik vergelijk het met de Japanse schilder die in opdracht van de keizer een haan moet schilderen. Na een maand zendt de keizer een bediende om te vragen hoe het ervoor staat. 'Ik ben nog niet klaar,' zegt de schilder. Een maand later staat de bediende er weer. 'Nee, nog niet af,' zegt de schilder. Na nog twee bezoeken van de bediende is de haan nog steeds niet af. Dit gaat twee jaar zo door totdat de keizerlijke bediende op een dag het atelier van de schilder betreedt en de

schilder voor zijn ezel aantreft. 'Ik durf het haast niet te vragen,' zegt hij, 'maar eh...?' De schilder maakt nu met één sierlijke beweging van zijn penseel een prachtige haan op het papier. Waarop de bediende zegt: 'Dat ging vlug! Moesten we daar nou zo lang op wachten?' De schilder neemt hem zwijgend mee naar de kelderdeur en toont hem de dertigduizend eerdere pogingen waarmee de kelder is gevuld. 'Maar vindt u dat dan niet moeilijk?' vraagt mijn coassistent. Het eerlijke antwoord luidt: nee. Ooit vond ik het wel moeilijk. Ook jaren over gedaan.

Marten Toonder

Op zijn negentigste verscheen in *NRC* (14 juni 2002) een interview met hem met een ingenieus bedoelde overdenking waar een druppeltje onsterfelijkheid uitgeperst moet worden:

'Ik ben veel bezig met de dood, de dood komt dichtbij. Ik vraag me af wat denken is, wat het einde, wat het begin. (...) Ik denk veel over de bijbelse woorden van Johannes: "In den Beginne was het Woord." In de oppervlakkigheid van mijn jeugd heb ik dat voor zoete koek geslikt, maar laatst kwam ik er achter dat Johannes ongelijk had. Het woord is al een gedachte en vóór de gedachte is er het idee – de gedachte verwoordt immers dat idee. En het idee, dat is een flits, een impuls, een intuïtie, een soort kortsluiting [hier probeert hij zich los te maken van de aarde en grijpt hij naar van alles om zich heen wat op vleugels lijkt]. Daarna komt pas de materie, de woorden. Die liggen als het ware op de loer om het idee te vangen en het vast te pinnen. En wie weet: [nu komt het] als de impuls er al is vóór de materie, dan is dat misschien wat je overhoudt, als de materie weer tot stof vergaat.

Niet te volgen. 'Woord', 'gedachte', 'idee', 'flits', 'impuls', 'materie', 'intuïtie', 'kortsluiting', 'stof' worden hier aan elkaar geregen in de hoop dat er een soort laddertje ontstaat waarop je omhoog kunt klimmen naar een of andere voortgang na de dood. Het is erg warrig. Zo is het niet erg duidelijk waarom woorden materie zijn. En wat kun je bedoelen als je het hebt over 'materie die weer tot stof vergaat'? Het is wel aandoenlijk. Want wat hier staat is geloof ik voornamelijk dat de heer Toonder niet dood wil.

Matroos Mevrouw B. is dan wel tachtig plus, maar ze heeft besloten in Frankrijk te gaan sterven in haar huisje daar. Twee neven gaan mee. Wat ze nodig heeft is een luchtwisselmatras. Na heel lang googelen vindt een van de neven het Franse woord, het is *matelas pneumatique* 'en niet,' zegt de neef, 'zoals mijn tante dacht *matelot pneumatique*'. 'Nee,' zegt zuster Mieke, 'een opblaasmatroos lijkt me niet echt nuttig... Hoewel ieder zijn zaterdagavond.'

Moeder dood Ik was vroeger misdienaar. Ik diende vele rouw- en trouwmissen. Aan de rouwmissen heb ik de muziek overgehouden, vooral het *Dies Irae.* Toen mijn eigen moeder stierf, ik was elf, diende ik de mis in de kerk met mijn twee oudere broers. Ik vond het verschrikkelijk. Wist niet waar ik kijken moest om alle blikken te vermijden, en veel lastiger nog, ik wist niet hoe ik moest kijken. In mijn herinnering heb ik een ongepaste bevroren grijns op mijn gezicht. Ik durfde na afloop niet aan mijn broers en zusjes te vragen of ik raar keek tijdens de mis.
Op het kerkhof dienden wij niet, we waren rouwend. Maar daar traden twee andere misdienaars aan, jongens uit mijn

klas die ik natuurlijk goed kende. Nu vonden wij als misdienaars een begrafenis pas echt spannend als een van de familieleden halverwege het dalen van de kist in pure wanhoop het graf in wilde springen om mee te gaan, luid schreeuwend natuurlijk en vergeefs trachtend zich los te rukken uit de greep van de anderen die hem wilden tegenhouden. Ja, jongetjesfantasieën, o zo teer en aandoenlijk.
Maar daar stond ik dus, aan het graf van mijn moeder, en toen de kist daalde zag ik hoe mijn collega-misdienaar, Pim Berghuizen, mij goed in de gaten hield om te zien of ik geen spektakel zou gaan veroorzaken. Nee, maar nu schaamde ik me tegenover Pim voor mijn erg onopvallende verdriet. Waar ik door deze overwegingen nauwelijks bij kon.

Moederdood Koos van Zomeren:

'De eikenspintkever bijvoorbeeld knaagt een gang in de bast, legt haar eitjes aan het eind, kruipt terug naar het begin en sterft daar – haar stoffelijk overschot verspert de toegang voor beestjes die het op haar nakomelingen zouden hebben voorzien.'
Uit: *NRC*, 4 augustus 2007.

Dit kan nog merkwaardiger. De Japanse oorwurm *Anechura harmandi* helpt haar nimfen door de eerste paar dagen van hun leven, waarna ze zichzelf laat opeten door haar nageslacht.
De woorden waarin we zoiets beschrijven zijn erg misleidend. Ze (?) laat zichzelf (?) helemaal niet opeten. Er is geen sprake van een sublieme opoffering. Dit zijn geen moeders.

Mooi doodgaan En toen werd mij gevraagd iets te zeggen over de oudere mens in de poëzie van Anton Korteweg. In zijn gedichten ontkomt ook Korteweg niet aan het aloude probleem dat Oscar Wilde al beschreef toen hij zei: 'Youth is a marvelous gift but it is usually bestowed on the wrong people.' En zo is het ook met de ouderdom, die vrijwel altijd op het verkeerde adres wordt bezorgd.
Het bijzondere van Kortewegs poëzie is dat hij dat misverstand viert in kleine vreugdes, terwijl hij de onafwendbare ondergang die ons allemaal aan het eind van de rit weer zal onderspitten op een bijzondere wijze weet uit te beelden. Dat doet hij soms zo mooi dat een mens, in weerwil van zichzelf, haast zou gaan denken dat het leven wel meevalt. Wat natuurlijk níet het geval is, maar luister naar zijn grandioze beschrijving van aankomen, die naast de droge plek op straat van de weggereden auto (zie onder *Weg*), zo mooi fungeert als een ander zijpaneel bij wat we maar gewoon de dood zullen noemen.

Aankomen
Zoals op weg naar Rotterdam een mammoettanker
zijn motor uitzet op de hoek van Engeland en
door eigen vaart alleen en niet door eigen kracht
na 't stoppen van de oorzaak die hem voortstuwt
tot stilstand komt in de Eerste Petroleumhaven –

moet er dan toch worden aangekomen,
Dan zo. Nauwkeurig en weloverwogen.

En dan, op de juiste tijd,
van je zwaarte worden bevrijd.

Ik lees dit als een aandoenlijke droom over sterven als een heel geleidelijk en vooral ook kalm verlopend afmeren in de haven van het graf. En dat afmeren gebeurt precies op het moment dat de lading gelost moet worden. Het is poëzie, dus alles mag, maar zo gaat het zelden. Gelukkig heeft de dichter het nergens over die situatie waarin de lading veel eerder uit het schip wordt verwijderd en het gevaarte maar wat voortdobbert om ten slotte zeer onnauwkeurig op een strand te eindigen. Korteweg heeft het goddank nooit over dementie, wat een zegen is, omdat dat tegenwoordig zo'n beetje wordt gezien als hét kenmerk van de oudere mens.

Moord op een dier (1) Onder het ancien régime zat het verkeer nogal eens vast in de straten van Parijs. Rijtuigen reden niet links of rechts, en zo kwam men nogal eens briesend tegenover elkaar te staan, temeer omdat het erg lastig is om paarden achteruit te laten stappen.
In de Parijse archieven vond men het verslag van een wel heel nare gebeurtenis in deze context. Het gebeurde in 1766 op de Place des Victoires. Tijdens zo'n opstopping sprong een woedende adellijke heer uit zijn rijtuig, trok zijn zwaard en begroef het in de buik van het paard voor het rijtuig dat zijn weg versperde.
Het was de Marquis de Sade.

Moord op een dier (2) Methode om een mijnenveld op te ruimen in Kosovo: drijf een kudde schapen voor je uit.

Moord op een dier (3) Tv-uitzending over Ouwehands Dierenpark op de Grebbeberg, september 2004. In mei 1940 werden alle roofdieren doodgeschoten uit vrees voor wat

komen ging. Na de capitulatie trof men onder de overgebleven dieren een trieste ravage aan. De chimpansees, zo meldt een getuige, waren van schrik gestorven. Men vond ze met de handen in wanhoop voor hun ogen geslagen! Heerlijk, zo'n beschrijving.
Doen chimps altijd in paniek, handen voor ogen, en die houding verandert niet als ze dood zijn. Hou toch op. Maar de beschrijver geeft op zijn manier wel iets aan. Zo las ik iets vergelijkbaars over de gelaatsuitdrukking van dode soldaten. Het was een citaat uit het *Nederlands Tijdschrift voor Geneeskunde* uit 1896:

'De doodsoorzaak op het gelaat zichtbaar.
Sommige Engelsche leger-artsen hebben de ondervinding opgedaan, dat het bij soldaten, die in den strijd gedood zijn, aan het gelaat zichtbaar is, of zij door het zwaard of door kogels gevallen zijn. In het eerste geval is de gelaatsuitdrukking rustig, in het tweede geval smartelijk, zelfs schrikwekkend.'
Moet dat niet precies andersom zijn? Want zo'n kogel zie je niet aankomen, maar een zwaard wel. Het hele thema lijkt mij onzin.

Moord op een dier (4) 'En wat de parel betreft: die imaginaire zandkorrel die het delicate vlees van de oester prikkelt is in feite een parasitaire worm op zoek naar een schuilplaats, die hij vindt door een gaatje in de schelp te boren. De oester verdedigt zich door de indringer te bedekken met nacra ($CaCO_3$), dat duurt zo'n acht jaar. De zeeoester maakt een perfecte bol, maar de zoetwatermossel is minder meegaand zodat het oppervlak van hun huisgast minder regelmatig is, meer handwerk zeg maar. De productie van een kweekpa-

rel daarentegen vereist chirurgische verkrachting. In een warmwaterbad wordt de oester verleid zich te openen, waarop een schilfertje van een schelp in het geslachtsorgaan wordt geschoven. Het duurt slechts een paar seconden maar de oesters hebben minstens drie maanden nodig om te herstellen van het trauma. Vele sterven. Geen wonder dat strikte vegetariërs geen parels willen dragen.
En nu we hier toch zijn, Flaubert: 'Zoals de parel een aandoening is in de oester, zo is stijl misschien het gevolg van een diepere wond.'
Uit: *The Times Literary Supplement*, juni 2006.

Moord op een dier (5) Guy de Maupassant over Émile Zola, ik vrees in volle ernst geciteerd door Margot Dijkgraaf in *NRC* (30 augustus 2002):

'[Hij was zó arm als jonge man] dat Zola vanuit zijn raam mussen ving, ze op een gordijnrail prikte, en tussen twee strijkijzers roosterde.'
Als we het romantische kaarslicht even uitblazen en hier wat daglicht op laten vallen, dan zou ik zeggen: probeer eens een mus vanuit je raam te vangen, zo'n beestje op een gordijnrail te prikken, en op te eten wat er rest als je er twee strijkijzers tegenaan hebt gehouden.

Morfinedosering De dokter en de Dood vormen een onafscheidelijk duo. Meestal zit Hein ergens in de coulissen een sigaretje te roken (hij wel), terwijl hij in de krant zit te bladeren tijdens het verveeld wegwerken van zijn mailtjes. Die mailtjes zijn trouwens een makkie. Vrijwel iedereen vraagt hetzelfde en het antwoord is nee. Die paar die het juist wél leuk zouden vinden als hij eindelijk eens langskwam, had hij allang in de gaten, dus was het niet echt nodig hem aan zijn jas te trekken.

Artsen vormen een rare clique onder zijn klanten. De meesten van hen zien hem niet eens staan als ze 's morgens door de centrale hal het ziekenhuis binnenstuiven op weg naar een aantal maatregelen die hem het nakijken gaan geven. Zijn onverschilligheid hierover is begrijpelijk: komt tijd, komt de dood. Maar hun onverschilligheid is minder voor de hand liggend, want op een dag moeten ze elke patiënt, maar dan ook elke, aan hem overlaten. Zelfs tot in de allerlaatste momenten voor deze overdracht blijven ze kijken alsof hij in geen velden of wegen te bekennen is. Wat koddig is, want hij heeft in alle rust reeds lang aan het voeteneind plaatsgenomen, waar hij niet zelden een kleine verversing krijgt aangeboden door de stervende zelf, of diens familie.

Ad Dunning, befaamd cardioloog en schrijver, beschreef eens in *Zomergasten* aan Hanneke Groenteman hoe hij dat deed met de dood. 'Als er iemand op sterven lag op mijn afdeling, dan wist ik natuurlijk wel dat ik daar even naartoe zou moeten en ik nam mij ook voor om dat te doen, maar niet nu, eerst even het ochtendrapport, dan de visite, laboratorium bellen, consult doen op andere afdeling, brieven schrijven, noodgeval op de Spoedeisende Hulp enz. enz.' Op die manier wist hij de hele dag obstakels op te werpen die hem verhinderden naar de sterfkamer te gaan. Dunning was vrij uniek in zijn ontwapenende eerlijkheid. Hoeveel artsen zouden zoiets voor de camera durven toegeven?

Het heeft onder meer met leeftijd te maken. Dunning was met pensioen toen hij dit in het openbaar zei. Ik ben zelf precies zo begonnen. Als er in mijn verpleeghuis iemand op sterven lag, dan was mijn aanvankelijke reactie: daar ga ik mooi niet heen, want als ze doodgaat terwijl ik ernaast sta krijg ik nog de schuld ook. Jonge dokters vinden het heel moeilijk, ondoenlijk eigenlijk, om een sterven in goede banen te leiden. Het voelt voor hen alsof ze opzettelijk een ongeluk moeten regelen. Ze zijn bang om goede pijnstilling te geven omdat ze daarmee misschien de dood versnellen of misschien wel veroorzaken zelfs. En dit alles terwijl de Dood met een licht geamuseerde blik het heen en weer rennen van de dokter zit te bekijken.

Ik word nogal eens gebeld door mensen die aan een sterfbed staan en die de indruk hebben dat de plaatselijke arts het hun geliefde onnodig moeilijk aan het maken is om over te steken naar de andere kant. Deze medische weigerachtigheid heeft haar grond in allerlei begrijpelijke motieven, maar het zal je moeder maar wezen die daar ligt te martelen. Ik kan op basis van de gehanteerde morfinedosering zelfs op aanzienlijke afstand van het sterfbed met enige zekerheid concluderen dat de celebrerende dokter erg jong is, of een specialist, of zeer protestant.

Protestant? Ja, je hebt de katholieke en de protestante dosering. Ik geef u de getallen even, dan weet u waar u aan toe bent. De protestante dosering is 6 x 5 mg morfine per 24 uur of soms nog lager. Ik stond laatst bij het sterfbed van een dierbare en zij kreeg zo nodig 4 x 2,5 mg. Vooral met die 'zo nodig'-afspraken ben je in de aap gelogeerd, want dan moet de verpleegkundige besluiten of het nodig is, en die zal het besluit dat de arts niet durfde te nemen niet gauw zelf durven nemen. Maar terug naar de protestante dosering. Die 6 x 5 mg betekent veelal dat je toch nog een beetje lijdt. Dat vindt God prettig, want het is niet de bedoeling

dat je het naar je zin krijgt op aarde, ook niet tijdens het sterven. Dit gebeurt ook wel zonder God, in het kader van de 'lijden-hoort-bij-het-leven-school'.
Jonge dokters kiezen ook vaak voor 6 x 5 mg, liefst wat minder nog, omdat ze als de dood zijn voor de mogelijkheid dat iemand een paar uur of misschien wel één hele dag eerder overlijdt door hun pijnstilling. Goede palliatieve geneeskunde is alleen mogelijk als je die gedachte rustig onder ogen durft te zien.
De protocollaire dosering is meestal 6 x 10 mg morfine. En ja, u zag hem al aankomen: de katholieke dosering is natuurlijk 6 x 20 mg, onder het motto 'het leven is al erg genoeg'.

Moses Terborch Kent u zijn zelfportret in het Rijks? Hij leefde maar zo kort (1645-1667) en ik wist nooit wat er gebeurd was, totdat ik in *NRC* van 12 maart 2004 dit las van beeldhouwer Piet Essen, toen 90 jaar:

'Hij werd als matroos in 1667 in de slag bij Chatham uit de mast van een schip geschoten. Hij was toen 22. Als jongen van 16-17 jaar heeft hij prachtige tekeningen gemaakt en een paar sublieme zelfportretjes.'

Mummie In Braga, Portugal, zagen we de mummie van een bisschop geheel gekleed, in vol ornaat. Zo'n mijter op een donkerbruin verschrompeld lijk is onbedoeld wel een vondst. Het akeligst zijn de lege oogkassen. Van 'het venster van de ziel' rest alleen nog angstwekkende verdorring. Ik meen resten van een oog als flarden stof, als droge draadjes achter in de holtes te zien liggen.

Het geruststellende van zo'n lijk is (het gaat om de zestiende-eeuwer Lourenço Vicente Coutinho) dat het zo volkomen anders is dan een levend lichaam, met uitzondering van zijn goed zichtbare tanden die onrust wekken omdat ze nu juist onveranderd zijn, nog leven als het ware. Hij had trouwens een goed gebit.

Mummies Uit *NRC* van 4 juni 2005:

'Vijf jaar lang reed er geregeld 's avonds een lijkwagen van het Leidse Rapenburg naar het amc in Amsterdam. Aan boord een oude Egyptenaar, wat gebalsemde dieren of een los mensenhoofd.'

Mummies werden gescand in het AMC. Maar mijn vraag is: moet dat nou, bij een mummie, een lijkwagen? Is het betreurenswaardige van een overlijden er hier niet volledig uit getrokken door de tijd? Er kan geen verdriet meer in zo'n mummie, want er is niemand meer die hem kende of iemand kent die hem kende.
Ik heb het me eigenlijk nooit eerder gerealiseerd, die afwezigheid van verdriet bij mensen die al heel lang dood zijn. Wie denkt er met verdriet aan Michiel de Ruyter? Nou, bij Keats' levensverhaal werd ik nog wel huilerig. Misschien dat bij genoeg detail tranen altijd lukken. Maar dan weer niet bij de resten van Keats.
Daarom is het ruimen van graven (denk ik) geen afschuwelijk werk, ik bedoel dat je daar niet verdrietig van zult worden. Beetje lacherig misschien wel.

Mythe De Canadese literair criticus Northrop Frye:

'Als er een centrale mythe is over de mensheid, dan is het de mythe over de verloren identiteit en de mogelijkheid om die te hervinden.'
Uit: *The New York Review of Books*, 9 april 1992.

Waarbij de dood de ergste vorm van identiteitsverlies is, en verdomd, ook daarvan dachten we te kunnen herstellen, in een leven na de dood, of in reïncarnatie. Maar nu niet meer. We denken dat niet meer.
En? voel je je nu een stuk beter?

Nacht over Java 'Gerucht: inlandse meisjes die hun geliefden verdachten van ontrouw gaven hun taart waarin fijngehakte haren zaten die een ongeneeslijke darmverstopping veroorzaakten. Een even akelige als trage dood.'

Volgens mij heb ik dit uit Johan Fabricius' *Nacht over Java*.

Nagedachtenis Aanbieding op een rouwbeurs. Ja rouwbeurs, waar begrafenisondernemers en alles wat daaromheen draait (kistenmakers, bloemisten, fotografen, videofilmers, levensboekschrijvers etc.) hun mogelijkheden uitventen. De aanbieding: je kunt de handen van de overledene laten namaken in brons, de jouwe vasthoudend als je dat wilt. Leverbaar 'met manchetten'. De ergste mogelijkheid: 'Kinderhandje met lievelingsspeelgoed'. Onderschrift bij een foto (die ik u bespaar): 'Vaderhand met kinderhandje'.

Natuur Juli 2005, Natuurdagboek in *Trouw* van Koos Dijksterhuis:

'Gierzwaluwen verzamelen zich boven oude stadswijken voor de trek naar Zuid-Afrika. Ze laten daarvoor zelfs nestjongeren in de steek, die langzaam verhongeren.'

Dit zal darwinistisch wel kloppen, want er zijn nog steeds gierzwaluwen, maar hoe zit het dan precies? Misschien heb je nauwelijks een kans om Zuid-Afrika te bereiken als je alleen op weg gaat?

Necrologie (1) Na haar overlijden op 86-jarige leeftjd ontmoeten we voor het eerst haar broer. Hij vertelt kort en bondig hoe haar leven verliep: ziekenhuislaborante, affaire met internist, maar die wou niet weg bij zijn vrouw, en het eindigt in een eenzame abortus, de centrale wond waaromheen zij eerst heel nauwe, dan steeds wijdere cirkels afleggend, uiteindelijk in een wijde boog belandde. Hij besluit: 'En aan het eind van de rit kan ze dan als levenswerk een gaaf litteken laten zien. En begraven worden.'
'Doet u ook kinderfeestjes?' vraagt Mieke. Daar kan hij wel om lachen.

Necrologie (2) Op 4 maart 1999 stierf Karel van het Reve. Dusty Springfield en Stanley Kubrick stierven toen ook. Maar wat ik zeggen wou: twee dagen na Karels dood hadden Kousbroek en Blokker een goed artikel klaar. Hadden ze dat al ergens liggen? Zou Karel in zijn tijd ook al iets klaar gehad hebben over Elsschot, Nescio, Carmiggelt? En voor wie hebben wij iets klaarliggen?

Newman, John Henry In 2008 naderde de zaligverklaring van kardinaal John Henry Newman (1801-1890). Het Vaticaan gelastte dat hij zou worden herbegraven. Hij lag namelijk op een kerkhof in Rednal waar hij op zijn uitdrukkelijk verzoek werd begraven in hetzelfde graf als zijn levenslange vriend, pater Ambrose St. John (1815-1875). Het Vaticaan is homo hatend en er hing een in de ogen van dit instituut onaangenaam zweem van liefde rond de band tussen deze twee mannen.
'In hetzelfde graf' betekende dat de kisten boven elkaar waren geplaatst. Bij de grafopening bleek dat Newmans kist helemaal uiteen was gevallen. Hij was kennelijk niet in een loden kist begraven. Maar niet alleen de kisten, ook hun beider resten waren geheel verteerd. Er was geen spoor van bot of haar of wat dan ook. Dat kan onder de juiste omstandigheden kennelijk.
Om toch elders iets fysieks van Newman te plaatsen, werden er wat haren naar Birmingham gestuurd. Nee, die kwamen niet uit het graf.

Niets Op de vraag 'waarom is er Iets in plaats van Niets?' antwoordde Sidney Morgenstern: 'Als er Niets was zou je nog steeds wat te zeuren hebben!'
De Amerikaanse filosoof Thomas Nagel: 'Letterlijk genomen lijkt de veronderstelling dat er ook Niets geweest had kunnen zijn tegenstrijdig, want dat zou hetzelfde betekenen als de bewering dat er niets te beweren valt.'

Niks bereikt 14 mei 2005. Ik kom de trap af en hoor een vriendinnetje van mijn dochter aan het woord in de huiskamer, 18 jaar oud en op pissige toon: 'En dat vind ik ook zo erg, als je dan eindelijk doodgaat, dan is er NIKS! Wat heb je dan bereikt? Dan heb je NIKS bereikt! NIKS!'

Obductie (1) In het tweede studiejaar betraden we de snijzaal. Ik zag er vreselijk tegen op. We zagen er allemaal vreselijk tegen op. De ouderejaarsassistent die ons begeleidde voelde onze angst erg goed aan en toen we met ons zessen, onwennig in een witte jas, snijdoos in de bezwete gehandschoende handen, afwerend rond onze dode stonden opgesteld zei hij: 'Leg eerst maar eens rustig je hand op het lichaam, dan kun je even wennen hoe het voelt.' Kolossale opluchting, want de grofheid van het snijden werd zodoende nog even uitgesteld.

Het wonder was dat we drie kwartier later gewoon aan het werk waren om een pees, een ader of een zenuw bloot te leggen in een ding dat we een dag eerder nog met geen tang hadden willen aanraken.

Er was op snijzaal maar één filosofisch moment en dat was bij ons aarzelende aantreden. Toen we daar stonden, met angstige nieuwsgierigheid, kijkend naar dat lichaam, het gelaat van de dode zoekend, of juist vermijdend, toen had iemand kunnen proberen in het innerlijk duister van onze zielen, waar allerlei gedachten als ongedierte heen en weer schoten, even het licht aan te doen om eens te kijken wat er allemaal rondrende.

Maar een dergelijk moment werd zorgvuldig vermeden. Er was geen ruimte voor een eventuele levensles, zelfs niet voor een onvermijdelijk lijkend memento mori. Ons uiteenvezelen van een lijk ging rakelings voorbij aan wat er dan toch zo fascinerend, of angstwekkend, of afstotend is aan lijken. Er bestaat dan ook geen enkele cultuur die met dier-

lijke onverschilligheid omgaat met de dode resten van soortgenoten.
Lijken worden begraven, verbrand, opgezet, opgegeten zelfs, in de zon gedroogd, in het water gegooid en aan de vogels gevoerd, maar er is maar één cultuur waarin het voorkomt dat ze gedurende een jaar in formaline worden gelegd en vervolgens in minuscule flarden uiteen worden geplukt enkel en alleen uit nieuwsgierigheid en een poging om ons lot in eigen hand te houden.
De vraag die we op dat moment hadden kunnen stellen was: wat zijn we hier aan het doen? Wat is hier eigenlijk gaande? En ik weet wel dat het antwoord eerder muziek, film, poëzie of literatuur zou hebben opgeleverd, maar er was ook een kans op filosofie.
Het gebeurde niet.

Obductie (2) Collega B. deed vaak obductie als pathologieassistent in een Amsterdams ziekenhuis. 'Hersenobductie was vrij veel werk, omdat het allemaal weer naadloos teruggeplaatst moest worden. Het ging echt om schedellichting. Dat wil zeggen, je zaagde de schedel helemaal door, net boven ogen en oren, zodat je de hersenen er moeiteloos uit kon tillen. Daarna vulde je de lege ruimte weer op met papier. Zo gebeurde het nogal eens dat een linkse intellectueel met een *Telegraaf* in zijn hoofd richting eeuwigheid ging.'

Obductie (3) Na een overlijden weren mensen een obductie vaak af met de mededeling: 'Nee, dat doe je haar niet aan!' Waarna ze 'haar' verbranden of in een kist in de grond stoppen.

Obductie (4) In Dick Swaabs *Wij zijn ons brein* las ik iets fascinerends over *De anatomische les van Dr. Deijman* van Rembrandt, u weet wel, het schilderij dat grotendeels verbrand is maar waarop de sectiebediende links met de half afgezaagde schedel in zijn hand staat. Het lichaam was van Joris Fonteijn (1633-1656), ook wel Zwarte Jan genoemd. Na zijn ophanging mochten de chirurgijns er drie dagen over beschikken. Dr. Deijman staat achter het hoofdeinde en tilt iets op uit de hersenen. Hij trekt aan het tussenvlies zodat de epifyse (de plek waar volgens Descartes de ziel het lichaam binnenstroomt) boven de hersenschors uit komt. 'Dat moest zo volgens het protocol, want de epifyse werd in die dagen op gezag van Descartes (1596-1650) gezien als zetel van de ziel, en de ziel moest aan het einde van de dissectie als extra straf zien hoe het lichaam uiteengesneden was.' Dat is wel een erg fijnzinnige vorm van pijniging? Nou nee, want de ziel was er al lang uit. Toch wel aardig om te zien hoe snel Descartes' onalledaagse ideeën zo snel tot gemeengoed werden? Nee, ook dat niet, want de epifyse of pijnappelklier wordt pas als toegangspoort voor de ziel beschreven in Descartes' *Traité de l'Homme* uit 1664 en Deijman zat acht jaar eerder met zijn vingers in het brein van Joris Fonteijn.
Je vraagt je af wie dat protocol opstelde. Het kan natuurlijk best zijn dat die opsteller Descartes' ideeën in een gesprek had gehoord. Maar dan nog blijft het onzinnig, door die afwezige ziel.

Oeps Een journalist wiens naam (X.) ik in mijn hart zal bewaren, was in gesprek met Durlacher père. De schrijver klaagde over zijn suikerziekte.

X: ‘Gunst. Is het erfelijk? Ik bedoel, zijn uw ouders daar misschien ook aan gestorven?’
Exit D. *weeping*.

Ogen Op haar tiende vroeg mijn dochter aan haar moeder, terwijl ze in de tram zaten: ‘Mam, is het erg als je met je ogen open sterft?’ Ze is nu dertig dus kan ik het haar niet vragen, maar zou ze niet bedoelen dat je je ogen dicht moet doen als je sterft, omdat je anders niet echt overleden bent? Alsof er een gevaar bestaat dat er iets van een ziel blijft hangen in het dode lichaam, wat pas weg kan als de ogen echt gesloten zijn. ‘Vensters van de ziel’ immers, dus moeten die luiken goed dicht.
Ik hoorde hier een variant op toen ik op de markt in Bologna eens een vis wilde kopen. Een plaatselijke vriendin zag me onhandig bezig en legde uit hoe je kunt zien dat een vis vers is. Dat zie je aan de ogen namelijk. Als die je niet meer aankijken, maar de blik dof berustend naar binnen gericht hebben, als in het venster van de ziel het gordijn is dichtgetrokken als het ware, dan weet je dat de vis niet vers is. Als bewijs tilde ze een gigantische zeelobbes een beetje op om ons een blik te gunnen in de onwaarschijnlijk zwarte diepte van diens wijd opengesperde oog. En tevens liet ze ons de onheilspellende opalen glans zien die langzaam opkwam in het oog van een andere, veel viezere vis, kennelijk omdat daarbinnen allerlei rottigheid gistte waardoor de ramen beslagen raakten.

Omgaan met stervenden Mijn eerste stervende vergeet ik nooit. Ik zorgde voor hem tijdens een verpleeghulpstage in het VU-ziekenhuis, ergens in 1976. Het was op de oncologie-

afdeling. De artsen daar deden aan zeldzame tumoren, dat wil zeggen, ongeneeslijke kankersoorten. Men ging daar erg ver in het behandelen. Het gevolg was dat de kankercellen tot in de meest verborgen spelonken van het lichaam werden teruggedreven zonder vernietigd te worden. Dat leidde dan weer tot uitermate bizarre ziektebeelden waaraan mensen op zeer pijnlijke wijze te gronde gingen.
'Mijn' patiënt heette Johan en hij was nog geen dertig. Hij had een geliefde en hij was gedoemd. Kanker van de bijnierschors. Ik durfde nauwelijks met hem te praten omdat ik dacht: hij gaat dood, hij woont onder een rotsblok dat zometeen op hem gaat vallen, wat kan ik tegen hem zeggen zonder beledigend te zijn? Want wat ik ook zeg: hij gaat straks dood, maar ik fiets weer terug de stad in.
Je denkt bij een stervende dat zijn positie zo verpletterend erg is dat je er alleen maar zwijgend en huiverend bij kunt gaan zitten. Maar zo zit dat niet. Stervenden zijn levenden en als zodanig volkomen bereikbaar voor een praatje, een bloempje, een cadeautje en bij wind mee een hapje of een drankje. Als ze bij leven van muziek, patat, pöezie of een geintje hielden, dan lukt dat vaak ook nog wel in hun laatste dagen.
In aanwezigheid van stervenden geldt voor het onderwerp van de dood hetzelfde recept als voor alle andere levenden: er nooit over praten is net zo stom als het er steeds over hebben.

Ongewenste onbekende soldaat De Franse autoriteiten op zoek naar de Onbekende Soldaat:

'Het eerste 'onbekende' lijk dat werd opgegraven in Verdun

bleek van een Senegalees te zijn. Dat werd herbegraven en vervangen door een blank lijk.'
Uit: *The New York Review of Books*, maart 2006.

Onwetendheid 'Het meest opmerkelijke talent in de mens is het ontkennen van de dood. Want als de zekerheid van gegarandeerde uitwissing eenmaal is doorgedrongen dan kan alleen een meer nabije ramp dit besef even terzijde schuiven. Maar ik zie overal mensen bezig met het boeken van buitenlandse reizen, vergunning aanvragen om een serre te bouwen, lid worden van de Sociaal-Democratische Partij. Anatole France had gelijk: onwetendheid – in de zin van niet willen weten – is de enige manier waarop leven mogelijk is.'
Uit: Philip Larkin, *Further Requirements* (2002).

Oom In 2003 stierf mijn ome Leendert, 88 jaar oud. Neef Ad had er dit over te melden: 'Hij had 87 gepland, dus hij zat al een jaar in de wind.' Toen Ads eigen moeder overleed had hij dit commentaar: 'Nu weet ze dat ze gefopt is.'

Ophangen 'Op 28 juli 1899, toen ik precies achttien jaar, tien maanden en zestien dagen oud was, zag ik mijn eerste ophanging. Sterker nog, het was een ophanging van de eerste orde, want er gingen niet minder dan vier zwarte stakkers omlaag. Toen ik werd ingedeeld als loopjongen voor een van de oudere verslaggevers werd ik natuurlijk bevangen door zekere onprettige voorgevoelens, maar de uitvoering bracht me niet van mijn stuk, hoewel een van de veroordeelden zijn zwarte kap verloor toen hij door het luik viel, en de trekkingen van zijn gezicht waren vreselijk om te zien. Het speelde zich allemaal af op het binnenplein van de stadsgevangenis en er was een grote menigte journalisten, sommige uit andere steden, want een viervoudige ophanging was toen, net als nu, een gewild spektakel. Om 5 uur in de ochtend ging ik door de ijzeren poort en ontdekte dat minstens een dozijn collega's de hele nacht had opgezeten. Sommige hadden zichzelf overeind gehouden met drank en liepen al te waggelen. Toen de vier kandidaten, na uren geloei van zwarte evangelisten, naar buiten werden geleid en opgehangen, gingen twee van deze innemers en een stuk of acht andere toeschouwers van hun stokje en moesten worden weggebracht door agenten. Volgens de wet moest de sheriff van Baltimore het valluik bedienen en die had zich op deze plicht voorbereid met zijn eigen fles. Toen het over was werd hij door zijn ondergeschikten de binnenplaats af geholpen, waarna hij zich uit de voeten maakte naar Atlantic City om zich daar een week lang met zijn nachtmerries op te sluiten.

Ik zag daarna nog heel wat ophangingen, sommige in Baltimore en de rest in andere delen van Maryland. De sheriffs dronken voor de gelegenheid meestal zo veel dat ze vrijwel machteloos waren. Met een beetje hulp konden ze het valluik wel bedienen, maar ze konden de knoop niet meer leggen, de kandidaat vastbinden, of de andere gelegenheidsplichten vervullen. Dat werd meestal overgelaten aan Joe Heine, een sombere Duitser, die gedurende vele jaren hulpsheriff was geweest in Baltimore. Voor zover ik weet heeft Joe nooit echt een man gedood in zijn leven, want dat was de taak van de sheriff. Maar hij reisde langs de steden om knopen te leggen en de veroordeelde klaar te maken, en als hij de dienst leidde dan ging er nooit iets fout. De grootste dag in zijn carrière liep ik mis, het was ergens rond 1904.

Ophangingen begonnen me te vervelen tegen die tijd, en toen een sheriff uit de omgeving mij als zijn persoonlijke gast uitnodigde gaf ik mijn kaartje aan mijn broer Charlie. Dit was Charlies eerste ervaring en hij kreeg een geweldige show aangeboden, want de kandidaat, een donkere reus, begon op het schavot te vechten met Joe en de sheriff, sloeg de toesnellende agenten neer, sprong in de schreeuwende menigte, ontsnapte uit de binnenplaats van de gevangenis en rende een bos in dat daarnaast lag. Na een uur hadden ze hem te pakken en werd hij teruggebracht. Tegen die tijd was al zijn vechtlust voorbij, en Joe en de sheriff schakelden hem uit met rustige elegantie.'
Uit: H.L. Mencken, *Newspaper Days 1899-1906. Volume Two of Mencken's Autobiography* (2006).

Ossuarium In Kaisersberg in de Elzas, geboorteplaats van Schweitzer, vind je onder de Michaelskapel een knekelstapelplaats. Wat er aan schedels etc. bij de laatste herindeling van het kerkhof tevoorschijn kwam hebben ze daar twee meter hoog opgestapeld. Naast de stapel botten hangt een uitspraak uit 1463:

'So ist's recht, da liegt der Meister, bei seinem Knecht.'

Oudste begraver Ik geloof niet dat dieren met de dood leven. Ik bedoel dat ze hun kop nooit zó hoog boven het maaiveld uitsteken dat ze de dood in de verte kunnen zien liggen. Wij wel, ja u weet het. Chimpanseemoeders houden een dood jong nog een paar dagen bij zich, maar als het begint te ruiken leggen ze het weg. Maar niet altijd. Er zijn wel chimpansees gezien die een goeddeels gemummificeerd

jong met zich rondslepen. Om het wat warriger te maken: het komt ook wel voor dat ze een dood jong opeten. Maar begraven doen ze zeer zeker niet.
Het is niet eenvoudig om te zeggen waaruit je zou concluderen dat onze voorouders dachten dat ze eens zouden sterven. Maar begraven lijkt een aardige vingerwijzing.
De mogelijk oudste begravers en dus de eerste pechhebbers, want bewust sterfelijke wezens, waren wellicht de voorouders die zo'n 500.000 jaar geleden in het Spaanse Atapuerca hun doden in een 14 meter diepe grot neerlieten (of gooiden). Op de bodem van die grot vond men de resten van tweeëndertig individuen die we kennen als Homo heidelbergensis. Nog voor de neanderthalers dus. Niemand weet goed hoe daar zo veel doden terecht konden komen zonder dat er een bedoeling achter zat. Dus denken we aan begraven. Er zijn veel andere scenario's mogelijk, maar archeologen vinden dit het waarschijnlijkste.

Opium als laudanum In de negentiende eeuw was niet alles beter, maar één ding misschien wel: de beschikbaarheid van opium in de vorm van laudanum. Het was een oplossing van opium in 18 tot soms wel 48 procent alcohol. Het werd gebruikt als slaapmiddel, pijnstiller, antidiarreemiddel en tegen hardnekkige hoest. Je kon er ook hopeloos verslaafd aan raken, denk aan Coleridge en De Quincy. Toen Keats naar Rome reisde om daar aan tuberculose te sterven, probeerde hij zichzelf halverwege om te brengen met laudanum (ja, daar was het ook erg goed voor). Zijn metgezel, Joseph Severn, weerhield de arme Keats, die doodziek was. Maar Keats zag precies wat hem te wachten stond en had zijn laatste ellendige weken graag overgeslagen.

Opium en William Osler De spannendste periode in de medische geschiedenis, vind ik tenminste, is de tijd tussen 1850 en 1920, waarin geneeskunde langzaam wakker wordt en oprijst uit de eeuwenlange nachtmerrie van talgkruid, mosterdpleisters, piskijken, kamferinjecties, clisteerspuiten en bovenal het vervloekte aderlaten. Voor mij is William Osler (1849-1919) een van de meest bewonderenswaardige artsen uit die overgangsjaren toen medische kennis nog niet zo eenduidig was te vertalen in medisch handelen. Hij was daarbij een uiterst beminnelijk man die het medische bedrijf niet alleen met een scherpe maar ook met een humorvolle blik bekeek. Zijn dappere scepsis over de toenmalige farmacopee sprak uit de bewering: 'The first duty of the physician is to educate the masses not to take medicine.' Osler zei zonder omhaal dat niks hielp tegen pneumonie, roodvonk, parkinson of meningitis. 'To apply a blister to a patient suffering with agonizing headache in meningitis is needlessly to add to the suffering.'
Het aardige van Osler is dat hij met een vergevende glimlach naar de patiënt keek die, als hij geen zinloze medicatie kreeg van de dokter, dan toch zijn weg bleef vinden naar andere middeltjes. Hij beschreef artsen als priesters die trouw hadden gezworen aan de god van wetenschap, maar hield begrip voor patiënten die afgoden bleven aanbidden in de vorm van kwakzalvers en hun rare mengsels. 'This is yet the childhood of the world, and a supine credulity is still the most charming characteristic of man.'
Osler was niet alleen een arts die moedige nuchterheid predikte en zijn patiënten verder aan hun lot overliet, hij was ook een zorgzame dokter. Toen een van zijn oud-assistenten dodelijk ziek was vroeg die om Osler in het vertrouwen

op een positieve boodschap die nog wat hoop zou brengen. Hij sprak met de man als een bedroefde moeder met haar kind, sloeg toen zijn arm om de schouder van de zieke en zei: 'Now Swan, I want you to let this good woman here give you some morphia tonight so that you may relax and sleep, for that is what you need. And I want you to do this for me, your old Professor and friend.'
Osler deed niet aan het bij ons zo gangbare denigreren van beginnelingen. Hij stond eens bij de eerste obductie van een onhandige student die er een kliederboel van maakte. Zijn commentaar: 'Splendid! Splendid! It is always better to do a thing wrong the first time.' William Osler was een zeldzaam zuivere ziel. Ik ken geen enkele andere arts die zo veel klinisch inzicht met zo veel mededogen wist te verenigen. Op zijn eigen sterfbed bleef hij nuchter als altijd, omringd door artsen die met de beste bedoelingen nog heel wat voor hem meenden te moeten doen. Hij was duidelijk over hun medicatie: 'Shunt the whole pharmacopoeia, except opium. What a comfort it has been!'

Opium farmacologie De belangrijkste (bij)werkingen: euforie, slaperigheid (soms juist agitatie), ademdepressie, verslaving, obstipatie. Er bestaat een zeer uitgebreide literatuur over opiaten. Ik noem hier slechts een paar aspecten. De ademdepressie betekent dat je geen luchthonger meer ervaart bij toestanden waarin dat wel gebruikelijk is. Dat wil zeggen dat je slecht gaat ademen, niet diep genoeg, en bij een flink hoge dosis hou je zelfs helemaal op met ademen. Geen slechte dood, maar meestal niet de bedoeling.
De te makkelijke verstrekking van oxycodon, waar we ons nu zorgen over maken, kan bij ouderen leiden tot verward-

heid, valpartijen, ernstige obstipatie en overlijden door overdosering. Maar ook jongeren kunnen overdoseren, al dan niet met opzet, en natuurlijk verslaafd raken.

Opium op Mount Elgon We zijn al 5000 jaar bekend met opium en zoeken sinds 1890 naar een opiaat dat alleen maar leuke effecten heeft. Tot nog toe zonder resultaat. Even wat namen, zodat u weet over welke groep medicijnen we het hier hebben: oxycodon, oxycontin, morfine, pethidine, heroïne, methadon, fentanyl, allemaal zusjes van het aloude opium. Het leuke effect? Ik had vroeger nogal eens last van migraine. Zo was ik in Afrika aan het wandelen op de Mount Elgon. Door de fysieke inspanning op grote hoogte, of door uitdroging, of door te veel drank de avond daarvoor, werd ik halverwege de wandeling overvallen door knetterende koppijn en onhoudbaar braken. Collega P. was er ook en eenmaal terug bij de auto gaf hij mij een injectie met pethidine. Ampul, 50 mg. Het deed niks tegen de hoofdpijn, maar mentaal veerde ik helemaal op. In plaats van enige gêne over de manier waarop ik deze wandeling voor iedereen verpestte, voelde ik mijzelf nu als iemand die ondanks die hoofdpijn het uitzonderlijke vermogen bezat om van achter zijn ellende naar voren te treden en het leven ondanks alles als een zegen te begroeten. Opium!
Ander voorbeeld. Mijn dochter was vijftien of zestien. Amandelen er toch uit. Extra pijnlijk op die leeftijd. Na de ingreep lag ze heftig lijdend in bed. Ik zei: ‘Wacht, ik heb wel iets voor je.’ Ik deed 50 mg pethidine uit een ampul op een miniem stukje beschuit dat ze eerst zacht deed worden in haar mond en toen pas met veel moeite doorslikte. Na drie kwartier kwam ik even vragen hoe het ging. Ze zei:

‘Pap, ik lig zo lekker, ik ga nooit meer anders liggen.’ Opium!
Morfine, fentanyl, oxycodon worden vaak gebruikt in de laatste levensfase om pijn te verzachten en benauwdheid weg te nemen. Tot voor enkele jaren waren artsen erg zuinig met opioïden in andere situaties. Dat is niet meer zo. Helaas is er nu sprake van een veel te gemakzuchtige omgang met deze middelen met als gevolg verslaving en zelfs overlijden. Zo neemt men aan dat Prince zichzelf per ongeluk overdoseerde met fentanyl. In ons land is het nog niet zo erg als in Amerika, maar we moeten oppassen. Met name het verstrekken van oxycodon dreigt uit de hand te lopen.

Oven Heer K., een grappige, knorrige, ouwe nicht, bijna 86 nu: ‘Ik ben slecht ter been, ik ben slechthorend, ik ben slechtziend, ik ben gewoon helemaal slecht, ik moet de oven in.’

Over de doden niets dan goeds? Veel van het misbruik in de katholieke kerk kwam achteraf pas aan het licht, toen de daders al in het graf waren verdwenen. Dat gold ook voor Jan Niënhaus (1929-2000), over wiens wandaden in *Trouw* van 8 augustus 2015 een bericht verscheen. Hij was kort kapelaan in onze parochie in Amersfoort, ergens rond 1960. Hij was een nieuwlichterige hoogvlieger, een man met een prachtige diepe stem, mooie zangstem ook. Wij keken met warm ontzag naar hem omdat hij intellectueel zo duidelijk op een hoger niveau stond. De indruk bestond dat hij even langs kwam stuiven in onze bescheiden parochie, op weg naar hogere (bisschoppelijke) doelen.
Mij heeft hij nooit onheus beroerd, maar na zijn overlijden

in 2000 werd bekend dat hij zich in de jaren vijftig en zeventig schuldig had gemaakt aan misbruik. Wat ik nu zo graag zou willen lezen is het dagboek van zo'n Niënhaus, een dagboek waarin hij zou worstelen met zijn daden, waarbij hij zou blijven geloven in een kans op genade van bovenaf. Het dagboek van een priester die zichzelf innerlijk uit het ambt zou zetten, maar die dat uiterlijk niet zou kunnen opbrengen omdat dat te veel schade zou betekenen voor het beeld van de kerk. Zoiets.
In het Begijnhof steek ik vaak een kaars op om het noodlot te bedanken voor het feit dat onze ouders op tijd zijn overleden. Zij waren immers de katholieken die het meest zouden lijden onder de ontdekking dat er, onder wat wij 'geestelijken' noemden, zo veel hopeloze viezeriken zaten. Ik heb niet veel op met de formulering 'zelf waren ze ook slachtoffer'. Kom op nou, het waren volwassen mannen die zich onder het neukverbod van hun club ernstig misdroegen. En zij werden omringd door andere eveneens volwassen mannen, als u mij het gebruik van de term 'volwassen' wilt vergeven, die er weinig aan deden. Dat die daar zo idioot mee omgingen past in het kader van de mallotige halfzachtheid waarmee ze meenden zich een verdieping hoger te bevinden, iets dichter bij God, dan de gelovigen die aan hun zorg waren toevertrouwd.

Overlijdensadvertenties De advertenties die ik citeer zijn niet verzonnen, maar de namen en data van de betreurden heb ik veranderd, want zo'n advertentie staat wel in de krant maar er blijft iets persoonlijks aan hangen, een kwetsbaarheid, die maakt dat snedig commentaar harteloos overkomt. Toch lever ik commentaar omdat deze uitingen onder druk nogal eens iets heel moois of opvallend goedkoops opleveren, wat mensen anders nooit zouden uiten.

Uit NRC:

Vita enim mortuorum in memoria est posita vivorum
30 juni 2001-30 juni 2016
Hannah Dietz

Hannah is niet slechts vijftien jaar geworden. Het gaat erom te laten zien dat ze vijftien jaar na haar dood nog steeds niet vergeten is. Ik denk dat de tekst iets zegt in de richting van 'de doden leven voort in de herinnering van de levenden', maar ik vroeg om hulp aan mijn buurvrouw die wel het gymnasium heeft gedaan. Ze zei: 'Nou, effe kijken hoor. Ja wacht, er staat: "Wij zijn niet van de straat."'

Veel rouwadvertenties zijn als vlaggetjes uit het graf omhooggestoken in een even vergeeflijk als onzinnig gebaar tegenover de nu toch daadwerkelijk oprukkende vergetelheid. Onder deze omstandigheden raken sommigen poëtisch bevlogen en dan krijg je dit:

Je was een rots in de branding
En koerste recht door zee
Je trotseerde storm en golven
Alleen je had op het laatst de wind niet mee.

Toch is zo'n recht door zee koersende rots in de branding mij een stuk sympathieker dan dat omnium memorium vivium mors subita-gedoe. Vooral die laatste struikelende regel is mooi.

Soms steekt iemand een vlaggetje omhoog dat ongewild de vergeefsheid van een heel leven opsomt:

Muziek is de Hoogste Kunst,
Die diep verankerd is in mijn ziel
Na een moedig gedragen ziekte geven we, dankbaar voor zijn leven, kennis van het overlijden van
Dr. Charles B.P.J. Sterdink Hoogenhuys
Zenuwarts in ruste.
1943-2016

En waarom zou Charles ons dit laten weten? Opdat wij beseffen dat hij niet zomaar iemand was? Dan heb ik toch liever Dirk in wiens ziel niks meer verankerd is, hetgeen hem denk ik een zorg zal zijn:

Ik heb bereikt wat ik wilde bereiken. Ik ben tevreden zo.
Na een kort ziekbed heeft hij rustig zijn laatste adem uitgeblazen.
Dirk van der Werf
Chirurg
1920-2016

Nou ja, als je 96 bent is het natuurlijk niet te verwachten dat je tegenstribbelend naar het graf gesleept moet worden. Soms zie je een citaat dat zo raak is dat je denkt: waarom lees ik geen Psalmen?
Als ik de maan en de sterren zie,
wat is de mens, dat U aan hem denkt?
Psalm 8:4.

Daar staat dan weer de schelle mevrouw Bensdorf tegen-
over:

Van jongs af aan wilde ik al in het algemeen belang bezig zijn,
mijn gaven en ontwikkeling inzetten.
Laetitia Bensdorf-van der Heyden
Bedroefd maar dankbaar voor wat zij ons heeft meegegeven
berichten wij het overlijden van onze markante moeder,
schoonmoeder, grootmoeder en overgrootmoeder
Mevrouw L. Bensdorf-van der Heyden
Weduwe van Mr. H. Bensdorf († 2005)
Officier in de orde van Oranje-Nassau
Ridder in de orde van Oranje-Nassau
Houder van de erepenning van de Gemeente Zeist
Houder van de Thorbeckepenning

Prachtig, die 'gaven' die ze wilde inzetten in het algemeen belang. En ook in de dood blijft de heer Bensdorf aan zijn meestertitel vasthouden, maar het mooist is het gerinkel van al die medailles en penningen in de holle echo van de ongetwijfeld ruime grafkamer.

Je kunt op twee manieren kijken naar dit soort vertoon op de rand van het Niets.
Je kunt het als stompzinnig zien of als doodsverachting.
Een weerbarstigheid à la Ozymandiaz: zinloos maar stijlvol.
Maar nee, die erepenning van de gemeente Zeist ophouden om de vergetelheid af te weren? Je verdwijnt er des te sneller door.
Nog eentje, om het af te leren. Uit *Trouw* juni 2006.

Het Rudolf von Laun Instituut voor Toegepaste Metafysica
verliest in
Dr. Louk E. Fleischhacker
Zijn moedige eerste Voorzitter (1996-1999)

En nee, deze naam heb ik niet verzonnen. Het instituut ook niet. Hoewel, als Boorman zich ooit in de commercialisering van de filosofie had bewogen, dan zou hij trots zijn op deze vondst.

Helemaal ten slotte deze, waarin gebeurt wat veel mensen doen in zo'n advertentie: eindelijk hebben ze de microfoon te pakken en kunnen ze iets roepen wat de hele zaal hoort:

Stof zijn wij.
Mijn lichaam zal tot stof vergaan.
Hetzelfde stof waaruit het als een
kunstwerk is ontstaan.
Het stof waaruit de mooiste bloemen bloeien
waaruit de stoere eiken groeien.
Het stof waarmee de sterren gloeien.
Gods Oerknalstof?
Jaap
Jaap van de Molen
15 februari 1923-26 december 2006
Toevertrouwd aan God.

Gods Oerknalstof is de rare deegbal die Jaap gekneed heeft uit middelbareschoolfysica en wat later in het leven opgelopen theologie.

Oversprongedrag Dieren hebben in sommige situaties een standaardrepertoire van handelingen dat ze min of meer vanzelf afdraaien. Kijk naar uw hond als hij wil dreigen: ineengedoken, klaar voor de sprong, lippen opgetrokken, tanden ontbloot, grommen. Zo doen alle honden dat. Paring wordt bij alle dieren voorafgegaan door een aantal standaardhandelingen die elkaar over en weer veroorzaken. Soms zie je dat de ene standaardhandeling op merkwaardige wijze in een heel andere overgaat. Twee dreigende hanen bijvoorbeeld die niet tot een gevecht komen, gaan ineens over tot pikken naar voedsel dat er niet ligt. Het is alsof ze de energie die in een aanval gestopt had moeten worden langs een andere weg proberen kwijt te raken. Dat heet oversprongedrag. Er moet iets gebeuren, maar het komt er niet van en dan gaat de opgestapelde energie langs een ander kanaal een weg naar buiten zoeken.

Wij mensen doen dat ook. Kijk eens naar de gebaren die niet-media-getrainde mensen maken bij een gesprek voor de camera: benen over elkaar, en weer terug, achter oor krabben, aan neus friemelen, haar achterover gooien, weer verzitten, pen verleggen, aan hun mond zitten enz. Roken was ooit een van de beste oversprongen die we hadden. De sigaret als het attribuut om jezelf een houding te geven. In plaats van erop te slaan of te gaan huilen steek je een sigaret op. Oversprongedrag ontstaat dus in situaties waarin geen ruimte is voor wat mens of dier eigenlijk zou willen doen: aanvallen of in het geval van de angstige talkshowgast: wegrennen.

Een van de mooiste (verzonnen) voorbeelden van oversprongedrag komt uit het werk van Jan Hein Donner. Hij beschrijft de reactie van een Romeinse soldaat als deze de hopeloosheid onder ogen ziet van de stromende lavamassa en de regen van gloeiend puin die de Vesuvius uitstoot en die hem weldra zal doden: hij springt in de houding en brengt de militaire groet. Zinloos. En toch stijlvol. Er spreekt achting uit voor de Vesuvius, ook al is de vulkaan niet bereikbaar voor een dergelijk gevoel.

Met deze begrijpelijke maar zinloze soldatengroet zijn we in het gebied van de rite beland. In het kader van het eindeloze project dat de mens wil onderbrengen in het dierenrijk zou je rite kunnen zien als een vorm van oversprongendrag in het zicht van een situatie waarvoor we geen passend gedrag bij de hand hebben.

Ik zou de dood willen zien als de situatie bij uitstek waar we geen antwoord op weten. Het is dan ook niet toevallig dat er in alle culturen juist rond deze toestand zo veel rites bestaan. Ook bij ons, en het verdwijnen van vrijwel alle uitzicht op een voortzetting van al het gedoe aan gene zijde van het graf heeft daar niets aan afgedaan. Ook de hedendaagse, goddeloze, anti-eeuwige omgang met het dode lichaam van een geliefde is geheel dooraderd met rites. Dat wil zeggen: we springen in de houding en salueren graag voor deze Vesuvius.

Overwinning op de dood? Bericht in *NRC* van 20 juli 2005: 'Griekse hoogleraar "overwint" de dood'. Kort samengevat: zeven jaar geleden verdween Dimitris Lianidis, hoogleraar wijsbegeerte in Athene. Hij wilde de dood filosofisch benaderen zoals Socrates en Empedocles. Hij vertelde een neef in welke grot hij zich zou terugtrekken en dat hij pas zeven jaar later gezocht mocht worden. Dat is nu gebeurd. Zijn skelet is gevonden. Zijn aantekeningen waren door het aangetatste papier niet langer leesbaar. Hij had zichzelf een dodelijke injectie gegeven. In zijn zeven jaar oude afscheidsboodschap die door zijn neef openbaar werd gemaakt, heet het: 'Ik zal sterven, Dood, niet als jij het wil, maar als ik het wil. Ik bestrijd jouw wil. Ik bestrijd jouw macht.'

En waar zit de overwinning op de dood als je het sterven niet kunt tegenhouden maar alleen uitmaakt wanneer het gaat gebeuren? Van Socrates weten we het wel, maar hoe stierf Empedocles? Die sprong in de Etna. Wij citeren Diogenes Laërtius (altijd link): 'Hippobotus vertelt echter dat hij zich na te zijn opgestaan, op weg begeven heeft naar de Etna, en bij de vuurkraters aangekomen er vervolgens in gesprongen is en verdwenen is omdat hij zijn reputatie dat hij een god geworden was wilde bevestigen: maar dat de waarheid later bekend werd omdat een van zijn sandalen naar buiten geslingerd was; hij was namelijk gewoon bronzen sandalen te dragen.'

Er is nog zo'n mislukte poging tot zelfverheffing naar goddelijke hoogte bekend uit de oudheid. Toen Alexander besefte dat hij stervende was, kroop hij in de nacht stiekem weg uit zijn tent om zich in een nabijgelegen rivier te verdrinken. Zijn lichaam zou door de wateren worden meegesleept en de mensen zouden denken dat hij zich bij de onsterfelijken gevoegd had. Maar bij de rivier aangekomen stond daar een zwijgende Apollo, die hem met een beslist gebaar terug naar zijn tent wees.

Ja, die ontmoeting zou ik ook wel willen filmen.

Paling De Elleboogkerk in Amersfoort brandde af. Na afloop bleek er paling in de gracht te zitten. Ze vonden een verbrand exemplaar in de as. Meegekomen met het bluswater uit de gracht. Hij kan het natuurlijk niet navertellen, de stakker, maar als hij op een palingfeest aan gene zijde zou kunnen vertellen hoe hij aan zijn einde was gekomen, dan zou niet één soortgenoot hem geloven.

Palliatieve sedatie Palliatief komt van *pallium*, mantel. De mantel die Sint-Maarten deelde met de kleumende bedelaar bij de stadspoort van Amiens. Wat zegt-ie? Ergens in de vierde eeuw na Christus, reed Martinus, een Romeinse soldaat, in de wintertijd de stadspoort van Amiens uit en trof daar een arme man in de kou met nauwelijks een draad aan zijn lijf. Martinus nam zijn eigen mantel af, sneed hem met zijn zwaard in tweeën en gaf de ene helft aan de man. De volgende nacht zag hij Christus in een visioen, gekleed met de halve mantel die hij aan de man had gegeven. Hij hoorde hoe Christus tegen de hem omringende engelen zei: 'Martinus heeft me dit gegeven om mij te bedekken.' Martinus werd later bisschop.

Palliatief is dus 'toedekkend', 'verzachtend'. Palliatieve geneeskunde is die branche van het vak waarin aangestuurd wordt op een draaglijk levenseinde, een zachte dood, en waarin de dokter zich niet langer bekommert om te genezen, want dat lukt dan niet meer.

We hebben het over een variant van medische aandacht die nog niet zo lang met respect tegemoet getreden wordt. In mijn opleiding (1972-1982) kwamen geen sterfbedden voor. Wel ziekbedden die ineens BOEM! in de dood eindigden. Dat het zo verliep kwam doordat de dokter tot het allerlaatste moment bleef doorgaan alsof er nooit gestorven zou worden.

Dit was uitermate beschadigend voor de stervenden, want

die werden doodgetreiterd met ingrepen en medicijnen die alleen nog maar meer ellende toevoegden aan hun ellende. Het was minstens zo afschuwelijk voor de omstanders, want die kregen nooit de kans om afscheid te nemen, zodat ze nog jarenlang vergeefs in gesprek trachtten te blijven met de gestorvenen. Dat geeft slechte, want vruchteloze en onoplosbare rouw.

Geneeskunde is twee keer wakker geworden. De eerste keer was in de negentiende eeuw toen we eindelijk enkele duizenden jaren van purgeren, laxeren, aderlaten, bidden, zegenen, offeren, handopleggen, op bedevaart gaan, aan de buren geven, aan de maan tonen, uitroken, wegblazen, mesmeriseren, magnetiseren, elektriseren en hypnotiseren geleidelijk van ons af wisten te schudden. De tweede keer was in de tweede helft van de twintigste eeuw toen eindelijk duidelijk werd dat artsen hun patiënten ook erg veel ellende kunnen bezorgen. Palliatieve geneeskunde is de klinische vertaling van dat besef, en een van de methodes die voor lijdensverlichting worden toegepast is palliatieve sedatie.

Je doet het als de patiënt in de laatste levensfase in een dermate pijnlijke en hopeloze toestand is beland dat de gangbare dosering van geneesmiddelen niet meer voldoende helpt om pijn, angst en benauwdheid te bestrijden. Je geeft dan een zo hoge dosering van morfine en midazolam (een sterk slaapmiddel) dat de patiënt niets meer meemaakt. En je handhaaft dit regime tot de dood intreedt. Het is een zegenrijke interventie, als het maar op het juiste tijdstip wordt ingezet en als je de juiste dosering krijgt. Zie daarvoor ook onder 'morfinedosering'.

Pest In Londen hebben ze aan de hand van DNA uit een lijk in een massagraf uit 1350 het DNA van de toenmalige pestbacterie herbouwd. De bacterie was zo dodelijk omdat hij nieuw was. Waarschijnlijk een gemuteerde grondbacterie. Als extra gemene draai aan het noodlotswiel was er deze omstandigheid: zodra de temperatuur van een stervende onder 35 graden daalt, springen de vlooien (die de bacterie meedragen) over op een ander, warmer lichaam.
Stervenszorg was dus dodelijk. Maar hoe kun je uit het DNA afleiden dat de pestbacterie in 1350 bij 35 graden oversprong naar een warmer lichaam?

Petrus (1) Hemelpoort zwiept open, Petrus kijkt woedend rond of hij iemand ziet: 'Die verrekte agnosten, steeds weer belletje trekken hier.'
Cartoon in *Punch*.

Petrus (2) Hier Petrus op een geheel ander avontuur. Opnieuw gedoe bij de hemelpoort.
Ik vertaal Frank Kuppners gedicht 'Making the most of one's chances'.

Het meeste van je kansen maken

Weer een avond, en in een ogenblik van, ja, slordigheid –
Dat was het ongetwijfeld; wat zou het anders geweest kunnen zijn?
Ontdekt Petrus, bij het sluiten van de poorten van het Paradijs
Voor de nacht, eigenlijk ook meer een gewoonte dan iets anders,
Tot zijn verbazing, dat hij zichzelf heeft buitengesloten.

Beetje paniek eerst. Hij roept om hulp.
(En wiens aandacht, vraag je je af, probeert hij te trekken?)
Hij roept nog eens. Geen antwoord. Hij doet zijn mond open om nog eens
Te roepen – maar deze keer, om de een of andere reden, roept hij niets.
Maar kijkt een beetje rond. Wat is dit voor plek?

Hij kijkt nog eens rond. Wat is dit voor plek?
Het is zo lang geleden sinds hij hier buiten eens goed rondkeek.
Hij doet een paar stappen naar voren, en een paar stappen terug, terwijl hij rondkijkt.
Hij staat even bewegingloos, peinzend…
(Schudt vervolgens zijn hoofd, lacht en verdwijnt de weg af.)

Ik moet er elke keer weer om lachen, want ik zie Petrus, terwijl hij zich de weg af spoedt, telkens schichtig omkijken naar de vermaledijde Poort in de vrees dat geschuif van grendels, geknars van scharnieren, gerammel van sleutels en een flard engelenkoor hem duidelijk zullen maken dat zijn geroep wel degelijk tot iemand gekomen is en dat het dus uit is met de pret.

Plastische chirurgie Klaas M. vertelt over zijn vak, en dan met name de handtransplantatie. Meestal een ernorm probleem wegens de levenslang nodige immunosuppressie, oftewel het onderdrukken van immunologische verschijnselen. En het ding is koud, stijf, pijnlijk vooral, en te bot qua aansturing om iets fijnzinnigs mee te doen. Want de innervatie, de invloed van de zenuwen op de spieren, blijft natuurlijk warrig.

Dus willen patiënten meestal dat het transplantaat weer verwijderd wordt, maar dat weigert de chirurg dan weer, want dan heeft-ie geen eer van zijn werk.

Piramide Egyptisch denken aan de dood is, denk ik, met gemak de meest bewerkelijke vorm. Er is nergens zo veel steen gebruikt om Iets te bouwen dat het Niets zou moeten tegenhouden.
Ik hoor dat de vorm van de piramide is ontleend aan het eerste stukje land dat na de zondvloed boven de wateren uitstak.

Plinius 'De dood is de grootse gift van de Natuur, waar God zijn stervelingen wel om moet benijden.'
(Beetje rare theologie in onze monotheïstische ogen. Omdat God hier samen met de mens náást de natuur staat.)

Poesjkin, Aleksandr 'Maar de vraag blijft of we ons vergisten in de man of de mythe. Bewonderaars van de onverstoorbaarheid, het subtiele en krachtige van Eugene Onegin denken meteen ook aan de schrijver als onverstoorbaar, subtiel en krachtig, een toonbeeld dat wegens zijn perfectie gedoemd was om door een tiran te worden vermorzeld. De rauwe feiten zeggen dat hij minder was dan dat. Hij was een suïcidaal heethoofd, een onvermoeibare rokkenjager, een drukke feestvierder op andermans kosten, een schreeuwerige imperialist, een gokker die nooit kon ophouden totdat hij verloor, alles bij elkaar een topkandidaat voor ellende. Maar wat als minder dan dat eigenlijk meer dan dat is? Als een genie jong sterft wekt dat sentimentele sympathie: je gaat het geniale als intense deugd zien. Hier is het bewijs dat het ge-

niale in Poesjkin die intensiteit tot gevolg had in alles, ook in zijn nare kanten. In veel opzichten was hij zo gemeen als een ratelslang in het nauw. Maar op zijn ratels kon hij een hele cascade van gedichten spelen die echt klinken in elke regel. Geen wonder dat we de geur van zwavel wegwuiven.'
Uit: *The New York Review of Books*, ergens april 2004.

Poezendood Onze poes ging niet zo goed de laatste tijd. Ze was altijd redelijk zindelijk, maar het laatste halfjaar poepte ze op allerlei plaatsen in huis behalve op de kattenbak. Nou kan ik drollen wel aan, maar het herhaaldelijk verwijderen van diarree uit de deurmat vond ik wel 'een uitdaging'. Plassen deed ze ook op rare plekjes, wat ik pas in de gaten had toen ze een aantal boeken onherstelbaar doordrenkt had, waaronder (hij zal erom lachen) *Alle beesten* van Midas Dekkers. Als ouderengeneeskundige vond ik dat ze aan het einde van haar leven zonder medische hinder aan de grond moest lopen. Ik hou van die rotkat en ze krijgt een milde dood. Eten ging ook hoe langer hoe slechter en ze begon af te vallen. We hebben werkelijk alle mogelijke kattenhapjes geprobeerd en soms ging er nog wel wat lamshart in. Daarbij werd ze een beetje slordig op haar uiterlijk, terwijl ze er altijd prat op ging om brandschoon de tuin in te gaan.
We hebben haar in 1996 uit het asiel gehaald en ze was bekend met een lichtelijk problematisch achterlijf, waarschijnlijk na een aanrijding. Het gevolg was dat ze in een scherpe bocht haar achterpootjes soms niet onder haar lijfje wist te houden, zodat ze erg aandoenlijk onderuit dreigde te gaan. Het was geen handicap bij krachtmetingen met katten uit de buurt, want die verloor ze op voorhand al. Ook de spreeuwen in onze achtertuin leerden al gauw dat

haar sprintjes zeer ineffectief waren door dit onhandige achterlijf en naar mijn indruk lachten ze haar gewoon uit. Gelukkig drong dit niet tot haar door. Ze zwierf soms een eind weg de weilanden in en ik vond haar het leukst als ze reageerde op mijn fluitje en dan van een grote afstand vrolijk op me af kwam rennen.

De crisis kwam vorige week toen ze op een avond niet meer thuiskwam. Na een uur wanhopig fluiten in het donker kwam een buurvrouw op me af om te zeggen dat iemand verderop een lapjeskat had gevonden. Ik trof haar daar in de keuken likkend aan een schoteltje melk. Ze zag er vreselijk uit. Ze was waarschijnlijk in een sloot gevallen, en onder de natte modderige haartjes die aan haar lijfje kleefden zat nog slechts een intens zielig kattenskeletje. Ik heb altijd aan haar gedacht als een jaar of tien oud, maar ze was negentien en dat kon je nu zien ook. We moesten iets voor haar gaan doen, want nu wist ze dus buiten ook de weg niet meer.

Ik dacht het zelf te regelen door haar een sterk slaapmiddel in te spuiten en dan verder met ether te doen inslapen, maar ik kon nergens ether krijgen, zelfs niet in een naburig ziekenhuis. Chabots boek *Uitweg* bood wel degelijk uitweg: helium. In de speelgoedwinkel vroeg ik voorzichtig of ze helium hadden om ballonnen mee op te blazen. Ik voelde hoe iedereen in de winkel zich onmiddellijk omdraaide en naar mij keek met de gedachte: die vent gaat z'n ouwe moedertje omleggen. Het meisje zei bits: 'Verkopen we niet, hebben we ook nooit verkocht.' Ik sloop beschaamd weg. Uiteindelijk vond ik via internet een feestwinkel aan de andere kant van de stad waar een zeer onfeestelijke man het heliumtankje zwijgend over de toonbank schoof. Zonder ballonnen. Ik durfde niet om ballonnen te vragen omdat hij me

natuurlijk zou tarten met de vraag: 'Denk jij mij te kunnen belazeren?' Maar als ik niet om ballonnen vroeg dan wist hij zeker hoe het zat. Buiten hield ik goed in de gaten of hij mij volgde, maar ik bereikte ons huis zonder controles onderweg. De laatste rite was overigens niet iets voor amateurs en ik bespaar u de details.
Ik hoor rond sterfbedden nogal eens zeggen: als het mijn hond of kat was dan wist ik het wel. Ik niet. We hebben wekenlang geworsteld met de vraag: heeft ze nog een beetje plezier in haar leven? Vandaag hoeft het toch niet? Ze loopt nog! Na afloop voelde ik geen enkele opluchting, alleen maar verdriet en de rottige vraag of dit niet anders had gekund. Ik weet het, het is maar een klein doodje. Maar van mij had ze nooit dood hoeven gaan.

Psalm Buurman P. vertelt over zijn jeugd. Hij is van mijn jaar, 1947, Friesland, gereformeerd gezin. Vader melkboer. Met schoolreisje haalden ze bij hem thuis een melkbus op, vulden die met water en kieperden daar dan weer limonadesiroop in. Zo had je zonder probleem een traktatie voor veertig kinderen.
Muziek, buitenkerkse muziek, kenden ze niet, maar hun opgetogenheid in de bus zocht toch een uitweg in zang, dus vielen ze van armoe maar terug in de psalmen, 116 bijvoorbeeld. En zo kwam het dat veertig schoolkinderen zonder enig tekstbenul maar vol vreugde over het mooie weer en het dagje uit, uit volle borst zongen: 'Ik lag gekneld in banden van de dood.'

(Ik heb 116 opgezocht: 'De banden des doods hadden mij omvangen en de angsten der hel hadden mij getroffen, ik vond benauwdheid en droefenis.')

Purmerland Te oordelen naar de graven op het kleine kerkhof hier vond men het leven aan deze kant van het graf niet veel bijzonders. Alles straalt een zielloze stijlloosheid uit. Behalve het vriendelijke houten kruis op het graf van Anton Heyboer. In een soort vogelhuisje is een piepklein kapelletje ingericht waarin een portret van Anton en zijn bruiden en wat andere foto's. Ook de tekst: 'Ik ben er nog steeds.'
Ik dacht het niet, Anton.

Rabbijn Menno ten Brink Tijdens een debat over de dood in de Rode Hoed: 'Er is nog nooit iemand uit teruggekomen, nou ja, eentje dan, maar daar hebben wij niet zoveel mee.'

Requiem voor 1991 Henk Hofland:

'Lik aan 1991. Het heeft een laffe smaak. In de nevel van de tijd verdwijnt het karkas van een grote, witte, in brak water gekookte kip die twaalf maanden geleden gewichtig kakelend in de pan verdween.'
Uit: *NRC*, 20 december 1991

Rigor mortis Lijkstijfheid, niet helemaal zo mythisch als de doodsrochel, maar toch wel die kant op in verhalen over hoe ledematen gebroken moesten worden om opa of opoe in zijn of haar laatste pak of japon te kunnen wrikken. Maar het bestaat echt. Het ontstaat enkele uren na de dood en duurt een paar dagen. Wiki heeft er van alles over te melden.

Rilke

Was wirst du tun, Gott, wenn ich sterbe?

Was wirst du tun, Gott, wenn ich sterbe?
Ich bin dein Krug (wenn ich zerscherbe?)
Ich bin dein Trank (wenn ich verderbe?)
Bin dien Gewand und dien Gewerbe,
Mit mir verliest du deinen Sinn.

Nach mir hast du kein Haus, darin
Dich Worte, nah und warm, begrüszen.
Es fällt von deinen müden Füszen
Die Samtsandale die ich bin.

Dein groszer Mantel läszt sich los.
Dein Blick, den ich mit meiner Wange
Warm, wie mit einem Pfühl, empfange,
Wird kommen, wird mich suchen, lange –
Und legt beim Sonnenuntergange
Sich fremden Steinen in der Schosz.

Was wirst du tun Gott? Ich bin bange.

Het betoverende van dit gedicht schuilt in deze merkwaardige paradox: God is door ons verzonnen, maar hoe kan er dan een probleem ontstaan als wij er niet meer zijn? 'Verzonnen', zeker, maar dat blijkt een veel te lichtvaardige beschrijving van Zijn wezen, want Hij is uitgegegroeid tot iets zo overweldigends dat Zijn verdwijnen uit de gedachten van een mens die sterft, angstig maakt. Het eindigt ermee dat God zich, na vergeefs de mens gezocht te hebben, aan het einde der tijden bij stenen meldt om daar wat warmte te zoeken. Stenen!

Riteloos Het is een cliché dat de dokter de plaats van de priester, de dominee, de geestelijk begeleider zou hebben ingenomen. Wat doen of deden die drie? Idealiter vertegenwoordigden zij het besef dat de mens in een of andere weldadige orde is opgenomen. Een orde die alles overstijgt, die zelfs de dood een plaats weet te wijzen.
Maar wij artsen hebben die plaats helemaal niet overgenomen. Wij zijn in een begrijpelijk misverstand het toneel op geduwd in die kennelijk vacante rol van kosmisch duider. De verklaring is dat de oude duiders het niet meer weten en dat artsen er altijd zo wijsneuzerig bij staan als er iets ergs gebeurt in een mensenleven. Het misverstand is veel dieper dan de meesten beseffen, want in plaats van kosmische duiding hebben wij ter verklaring van alle ellende alleen maar biochemie, waarbinnen we de moleculen min of meer begrijpen, maar waar niets te vinden is over de aard van het menselijke lot.
De leegte achter dit misverstand is nergens zo duidelijk als bij een overlijden. Ik was laatst bij een niet zo ingewikkelde euthanasie betrokken. Het ging om een leeftijdgenoot (ik ben 70,6). Zijn zus en zwager waren aanwezig bij de laatste momenten. Het ging allemaal goed, zeg je dan. Nadat de schouwarts was vertrokken, bleef ik nog even napraten met de zus en de zwager. Halverwege dat napraten liep ik nog even terug naar de achterkamer, waar meneer nu erg dood in de stoel zat. Ik schrok van hem. Hij zat daar zo weerloos. Zo verlaten. Ik dacht: doen we dit wel goed? Weten we wel wat we eigenlijk doen?

Hier werd iemand voorgoed buiten het leven geplaatst en wat doen wij om dit te beseffen, om het draaglijk te maken? Er is geen liturgie, geen rite. Ik kom uit het katholicisme, waarin de priester rond het lijk muziek had, gewaden, teksten, wierook, wijwater, allemaal middelen om de aanblik van een dode verteerbaar te maken. Ik weet wel, dat werkt niet meer. Maar wat hebben we nu? Het enige wat ik ceremonieel te bieden heb is een schoon, versgestreken overhemd, nette broek, dichte zwarte schoenen, gepoetst. En in plaats van wijwater, muziek of wierook heb ik injectiespuiten, infuusnaalden of een drankje in een apothekersflesje. Ik denk wel eens dat veel euthanasieangst bij artsen voortkomt uit een ernstige verlegenheid over hoe je te gedragen tegenover de stervende en vervolgens dode man of vrouw en diens geliefden.
Terug aan de tafel nam ik graag nog een keer koffie. De zus zuchtte diep en zei half huilend, halfvragend: 'Nou, dat was het dan?'
Haar broer was een Stonesfan, ik had daar met hem over gepraat en ze vertelde nu dat hij voor zijn dood een Rolling Stones T-shirt had aangetrokken bij wijze van dankbare groet aan mij. Maar ik was zo druk met mijn medicijnen, ik had het niet gezien.

Rochester, Earl of

Dead, we become the Lumber of the World,
And to that Mass of Matter shall be swept
Where things destroy'd, with things unborne are kept.
Devouring tyme swallows us whole
Impartiall Death confounds Body, and Soule.

Eenmaal dood word je als het Afval van de Wereld
Teruggegooid op die Hoop Stof
Waar alles wat voorbij is en wat nog komen gaat wordt
bewaard
De tijd vreet ons op met huid en haar
De Dood, onverstoorbaar, verbijstert Ziel en Lichaam.

Roodborstje In *De lens op de mens*, een fotojaarboek over 1961, staat op pagina 19 een foto van een roodborstje. Het bijschrift luidt:

'Uit het gemengde nieuws een klein treurspel in de dierenwereld. Zonder acht te slaan op de voorbijgangers betrok een roodborstje op een Amerikaans trottoir de wacht bij zijn wijfje, dat zich tegen een etalageruit had doodgevlogen. Urenlang duurde die dodenwacht, tot het lawaai van het spitsuurverkeer de trouwe vogel ten slotte verjoeg.'

Aandoenlijk en onzinnig lijkt me. Roodborstjes die mogelijk de neiging hadden om bij hun dode wijfje te gaan rondhangen terwijl de jongen niks te eten krijgen, die hebben het denk ik niet gehaald tot in de tijd dat er trottoirs waren in New York. Maar zulke roodborstjes waren er nooit, want deze 'trouwe wake' heeft geen enkele overlevingswaarde.

Rorty, Richard We hadden het al eerder over hem en dat hij in zijn laatste levensmaanden geen filosofie las, maar veel poëzie. Hij beschrijft een gesprek met zijn zoon hierover:

'"Maar was er dan helemaal *niets* wat je hebt gelezen waar je iets aan had?"

“Jawel hoor,” zei ik met onverwachte nadruk, “poëzie.” “Welke gedichten dan?” vroeg hij. Ik citeerde twee heel bekende gedichten die ik recent uit mijn geheugen had opgevist, en waar ik, vreemd genoeg, opgewekt van werd. De meest geciteerde regels uit Swinburnes “Garden of Proserpine”

We thank with brief thanksgiving
Whatever Gods may be
That no life lives for ever;
That dead men rise up never;
That even the weariest river
Winds somewehere safe to sea.

en Landors “On His Seventy-Fifth Birthday”:

Nature I loved, and, next to Nature, Art;
I warmed both hands before the fire of life,
It sinks, and I am ready to depart.

Ik vond troost in die trage wendingen en dat onzeker smeulende vuur. Ik vermoed dat een dergelijk resultaat in proza nooit bereikt kan worden. Je hebt niet alleen beelden nodig voor zoiets, maar ook rijm en ritme. In regels als deze werken die drie samen, met als resultaat een mate van verdichting, en dus van impact, die alleen in een vers bereikt kan worden. Als je het vergelijkt met de goedgevormde patronen van versmakers dan is zelfs het beste proza een schot hagel.’

Roy Rogers’ testament Wij kenden hem als Rooie Roggers. Ik zag hem een keer als oude man op tv in een soort van Roy

Rogers-pretpark. Trigger, zijn onafscheidelijke paard, was er ook, maar opgezet. Ja, opgezet, na zijn dood met zaagsel gevuld, bedoel ik, en nog altijd steigerend aanwezig. Vond ik eigenlijk smakeloos. Maar Roy vertelde dat hij nog altijd van dat paard hield. Hij had het ook over zijn nalatenschap en meldde in de laatste zin van zijn testament: 'Anyone contesting this will gets one dollar.'

Rusthof bij Amersfoort Het is niet alleen qua naam het mooiste kerkhof dat ik ken. Ik liep er rond in de herfst. Ik zag een man bezig het graf te bewateren van mevrouw Houtveen-Van de Burg, in 1995 op 49-jarige leeftijd gestorven. Ik zie ineens dat ik die man ken. Van de Aloysiusschool. Hij blijkt uit 1941, we schelen zes jaar dus dat kan net. Ik ken hem ook uit onze parochiekerk. Zijn ouders hadden een groentezaak op de Bisschopsweg. We praten wat heen en weer. Ik zeg: 'Volgens mij had u rood haar vroeger.' Klopt. Grijs nu. Zijn vrouw stierf aan een hersentumor. Hij heeft twee dochters, een tweeling, en een zoon. En pas het eerste kleinkind.

We staan hier eigenlijk heel gezellig te praten op de dodenakker aan de rand van onze stad. Hij legt iets uit over het graf van zijn vrouw. 'Zo helemaal daarginds bij het hek, aan de rand daar, dat leek me niks. Maar hier onder de bomen, mooi plekje hè? Je kijkt hier mooi het pad af.'

Ze was een boswachtersdochter, dus begraven op het nabije katholieke kerkhof Maranatha was uitgesloten: te kaal, geen bomen. Als we afscheid nemen is hij geroerd. Nadat we de naderende dood in onze families besproken hebben zegt hij: 'Het ga je goed.' En nog eens: 'Het ga je goed.'

Ons gesprek begon haperend. Hij legde het uit. Hij had wat

tijd nodig om boven water te komen. 'Ik ben altijd diep in gedachten als ik hier zo bezig ben.'
Het klinkt misschien een beetje ontremd, maar deze vriendelijke Houtveen wees mij op de goedheid van mijn Amersfoort in de jaren vijftig. Ik moet me daar erg veilig hebben gevoeld. Onbegrijpelijk als je bedenkt dat mijn moeder er in 1959 'werd weggehaald' door de dood.

Santer sterft Santer? Ja, een echte etter, de aartsvijand van Winnetou en Old Shatterhand. In *De dood van Winnetou* komt niet alleen deze machtige indiaan aan zijn einde. In mijn herinnering (ik las het zestig jaar terug) viel er een rotsblok op de ellendige Santer (hij had Winnetous vader en dochter vermoord) waardoor hij half verbrijzeld werd. Zijn bovenlijf stak er nog onderuit en de hele nacht lag hij daar vloekend, razend en tierend in machteloze pijn en woede, terwijl hij met zijn geweer Old Shatterhand op afstand hield. Die intens goede man bood hem een genadeschot aan, vergeefs natuurlijk. Uiteindelijk stierf hij na een gruwelijk lijden. Ik vond dat wel een lekkere dood voor 'die hond', ja dat was het ergste scheldwoord in die streken.
Ik heb het boek nog en het even nagelezen. De taal is ongelooflijk. Men spreekt in aanvoegende wijs: 'Dat Bloedige Hand spreke en het ons uitlegge, verzocht Pida.'
Maar van mijn versie klopt weinig. Lees maar:

'Doch even daarna geschiedde er iets, dat ons allen, die er getuige van waren met schrik en ontsteltenis vervulde. Een rookhalm steeg achter Santer op en werd onmiddellijk gevolgd door een hevige slag. Het rotsblok waarop Santer stond wankelde een ogenblik en viel toen in het Zwarte Water met een oorverdovend geraas. Een verschrikkelijke kreet klonk door de lucht. Het was het wanhoopsgegil van Santer, die wist dat hij in de golven van het Zwarte Water een zekere dood zou vinden.'

Die 'rookhalm' (walm?) kwam uit een stapel dynamiet die de domme Santer wat slordig had weggelegd. Toch wel enigszins onfris, de manier waarop mijn jongetjesfantasie aan de gang is gegaan met 'rotsblok' en 'wanhoopsgegil'.

Saunders, Dame Cicely (1918-2005) Zij stichtte de hospicebeweging. Lang verhaal kort: zij is de eerste arts die op het geslachtsdeel van de geneeskunde ging staan. Wij zeggen het enigszins omfloerst, want 'op z'n pik trappen' is zeer beslist niet haar jargon. Maar Saunders wees artsen erop dat er zoiets bestaat als een sterfbed, een levensfase waarin de arts zijn geneeswoede moet afzweren en zich moet richten op lijdensvermindering. Het is helaas nog altijd zo dat de meeste artsen zich misdragen rond het sterven.
Saunders keek erg neer op de Nederlandse euthanasiepraktijk. Zij meende (met vele Britse collega's) dat wij patiënten doodmaakten omdat we niet goed wisten hoe we voor ze moesten zorgen. Het zij haar vergeven, want we hebben zoveel aan haar te danken. En evenals de uitvinder van de AD-matras kreeg ook Saunders nooit een Nobelprijs.

Schedel Al meteen in de eerste zes weken van mijn studie werd ik op uitermate doeltreffende wijze mee het kerkhof op genomen om daar op een nog nooit eerder door mij gedroomde manier aan de gang te gaan met het menselijk skelet: het botjestentamen. Genoeg ruimte, zou ik zeggen, voor een desnoods half ironisch gemompeld 'alas, poor Yorick'. Maar er gebeurde niets in die richting. Evenmin werd ons iets duidelijk over de treffende gelijkenis tussen de schedel van een mens en die van een aap. Met die twee schedels in je hand is er wel even tijd voor de vraag of deze gelijkenis gezien moet worden als verontrustend (zijn wij dan niets bijzonders?) of geruststellend (ach, wij zijn niks bijzonders).

Terwijl wij op tafels met formicablad de inhoud van een kist met alle handbotjes op naam trachtten te selecteren, waarbij vooral het warrige clubje van *os naviculare* en omliggende een probleem vormden, vroeg niemand zich af in welk opzicht onze reductie tot aap een opluchting dan wel een teleurstelling zou zijn. Nee, wat ons bezighield was de juiste naamgeving van de vele bobbels, gleuven, spleten en uitsteeksels op de menselijke schedel, zonder dat iemand de ruimte vond of aanduidde waarin we de doodsangst konden uiten die een mensenschedel onvermijdelijk oproept. Kent u een onomstotelijker embleem voor de dood dan een mensenschedel? Is er iets zieligers denkbaar dan een mens die zich met zo'n ding in zijn hand alleen maar afvraagt waar de *sinus maxillaris* precies zit?

We hebben het over het ingewikkeldste, meest onthullende, sterkst suggestieve, diepst symbolische, maar vooral ook het allermooiste bot in ons lichaam. Alleen al die grijns die ontstaat door de afwezige lippen. De gaten zijn het belangrijkst. Binnenin zit de vitale macaroni van het brein, veilig opgeborgen in de benen doos. Maar hersenen hebben geen zin, zijn zelfs ondenkbaar, zonder verbinding met de buitenwereld. Door de 257 gaten die in deze samengroeiing van botten zitten, stuurt de macaroni tastende uitlopers de wereld in om uit te zoeken hoe iets voelt, klinkt, eruitziet, ruikt en bovenal waar het is.

Schedeldroom Droom: ik heb mijn schedel van mijn hoofd gehaald. Hij staat op de grond, zwakjes. Het is allemaal heel fragiel. Iemand pikt hem op en draait hem een beetje rond en alle fijne botjes binnenin raken los en vallen als poeder naar buiten. Ja, jezus, zo kan hij nooit meer terug op zijn plek.

Schedelnaden Net na de geboorte zitten er nog wat gaten in de schedel, fontanellen. Dat wil zeggen: de verschillende botten waaruit het schedeldak bestaat zijn nog niet volledig naar elkaar toe gegroeid. Als de botten elkaar bereikt hebben groeien ze vast, maar er blijft een mooie grillig verlopende naad zichtbaar.
Het was meen ik Rilkes idee om die grillige naad te beschouwen als de groeven van een grammofoonplaat en als je die afspeelde zou je een oermelodie te horen krijgen (*Ur-geräusch*). Een heel oud lied over menswording. Misschien mogelijk in een gedicht?

Schijndood Als een dode, of dood gewaande, na de doktersverklaring 'is dood' toch nog een klein trekkinkje rond de mondhoeken vertoont, of een boertje laat, dan springen we van schrik bijna door het plafond naar buiten. Wat is hiervoor de verklaring? Waarom flakkert hier geen hoop (o heerlijk, ze is níet dood), maar siddert hier angst (o God, het beweegt!)?
Ik heb een antwoord.
Als iemand is overleden ontstaat er ruimte op de plaats

waar hij was. We vullen deze leegte onmiddellijk, en voor het eerst kunnen we echt óver de dode praten en nooit meer mét hem. Dat voelt onwennig, brutaal, hardvochtig zelfs. Het is alsof je iemands huis bent binnengegaan in de veronderstelling dat hij er niet was, en hij nadat je een brief van de tafel hebt gepakt en begonnen bent hem te lezen, ineens naast je staat.
Pijnlijk.

Schmidt, Annie M.G.

'Zoals de keer dat die moeder met haar zuster naar het kerkhof ging. (...) Toen ze het graf van hun moeder bezochten stonden ze te huilen bij het verkeerde graf. Toen ze dat ontdekten konden ze niet meer huilen op het goede graf omdat ze te hard moesten lachen.'
Uit: *Wat ik nog weet* (1999).

Schoonheid stervend

'Beauty plus pity – that is the closest we can get to a definition of art. Where there is beauty, there is pity, for the simple reason that beauty must die.'
'Schoonheid met medelijden – dat is zo ongeveer de beste definitie van kunst. Waar schoonheid is, daar is medelijden, om de simpele reden dat schoonheid moet sterven.'
Uit: Nabokovs inleiding bij *Die Verwandlung*.

Schouwarts Dit speelde in 2003, dus na de invoering van de euthanasiewet. Meneer S. kreeg euthanasie wegens een uitgezaaide kanker. Als schouwarts draaft een erg gerefor-

meerde collega op. Zij kijkt, meen ik in haar optreden te merken, naar euthanasie zoals ik naar het eten van hond. Rationeel gesproken zeg ik van gebakken hond: wat maakt dat nou uit? Als het beestje op zachte wijze gedood is. Toch kom ik niet als dat op het menu staat. En dat zag ik in mijn gereformeerde collega, een diepgewortelde afkeer, die zij zich had voorgenomen niet te uiten. Doordat ze dat deksel er zo goed op hield uitte ze helemáál niets. Ze wilde dan ook zo weglopen, zonder iets te zeggen over wat ze had aangetroffen.
Nu werd ik pissig: 'Hoe kun je nu zomaar weglopen? Ga je de officier van justitie bellen? Of de Toetsingscommissie? Hangen we? Wanneer vergaderen ze weer? Horen we alleen wat als het niet goed is? Wat denk je eigenlijk zelf van dit geval?' Ze gaf schoorvoetend toe dat ze wel een pluis gevoel had bij deze casus.
Collega F. kende haar nog uit zijn jaar.
'Wat was het voor typ?'
'Weet ik niet. Ze zei nooit wat.'

Naschrift: het ging om een hindoestaanse collega, maar als je dat opschrijft in plaats van 'gereformeerd', dan leest het ineens racistisch. Hedendaagse sociologie.

Scofield, Paul Wie weet nog wie hij was? Geeft niet. BBC, programma met herinneringen aan hem. Tachtigers blikken terug. Je krijgt ze dan ook te zien zoals ze er zestig jaar geleden uitzagen. Oei. Dat doet zeer. Je ziet hoe de schedel onhoudbaar opdringt onder de strakke huid. Alsof hij eruit wil. Vooral de kunstgebitten vormen een schrille dissonant, omdat die niet mee verouderen. Er ontstaat dan een verschrikkelijke grijns.

Sic transit... Necrologie A.L. Sötemann, letterkundige:

'Zijn proefschrift De structuur van de Max Havelaar, dat op zijn zesenveertigste verscheen, bracht een schokgolf teweeg.'

Dat blijkt in 1966 te zijn gebeurd. Kunt u zich die schokgolf nog herinneren? Het gaat verder:

'Na zijn emeritaat in 1985 bleef Sötemann in het tijdschrift Ons Erfdeel subtiele beschouwingen wijden aan zijn favoriete dichters. Hij wordt vrijdag gecremeerd.'

Die afsluiting is onverbeterlijk.
Uit: *NRC*, 30 september 2002.

Shelley

'Ye hasten to the grave! What seek ye there' (1823)

Ye hasten to the grave! What seek ye there,
Ye restless thoughts and busy purposes
Of the idle brain, which the world's livery wear?
O thou quick heart, which pantest to possess
All that pale Expectation feigneth fair!
Thou vainly curious mind, which wouldest guess
Whence thou didst come, and whither thou must go,
And all that never yet was known would know–
O whither hasten ye, that thus ye press
With such swift feet life's green and pleasant path,
Seeking, alike from happiness and woe,

A refuge in the cavern of grey death?
O heart, and mind, and thoughts! what thing do you
Hope to inherit in the grave below?

Erg vrij vertaald:

U haast zich naar het graf! Wat zoekt u daar, rusteloze gedachten, drukke ondernemingen van het machteloze brein gekleed in wereldse uitdossing? En u, kwiek hart, dat zo ademloos tracht alles te bemachtigen wat bleke verwachting mooi toeschijnt? En ook u, weetgierige geest, die zou willen weten waar u vandaan komt, waar u heen moet gaan, alles zou willen weten wat nog nooit gekend was – Waar moet u zo nodig heen, dat u hard lopend dringt op het groene en plezierige levenspad, op zoek naar een schuilplaats, weg van zowel geluk als ellende, in de grot van de grauwe dood? O hart, geest en gedachten, wat hoopt u te erven daarbeneden in het graf?

Sitwell senior, in memoriam 'De Sitwells, Osbert en vooral Edith, maakten hun vader graag belachelijk in hun boeken als een zelfingenomen, liefdeloze excentriekeling die zijn tijd en geld wijdde aan het vervaardigen van zinloze uitvindingen als een muzikale tandenborstel en een miniatuurrevolver waarmee je wespen kon schieten.'
Dat revolvertje wil ik zien.
Uit: *The Times Literary Supplement*, 30 oktober 2015.

Sketchje Mevrouw Jansen is 87, werd getroffen door een ernstige beroerte, maar niet ernstig genoeg, dus daar ligt ze nu, aan de rand van het graf, maar ze valt er niet in.

Dochter komt praten met zuster, broeder en arts. De professionals willen de vrouw liever geen voeding of vocht geven, want dat is alleen maar ellende toevoegen aan een leven dat eigenlijk voorbij is. Pas na vijf minuten over en weer aftasten om te zien wat men ervan vindt, zegt de dochter: 'Ik heb hier een niet-behandelverklaring, hebt u daar wat aan?'
'Niet-behandelverklaring?' De dokter springt energiek overeind. 'Waarom hebt u dat niet meteen gezegd! Broeder, leg mevrouw apart. Zuster, haal de morfine. Ik bel wel met de begrafenisondernemer.' En tot de dochter: 'En u tot ziens natuurlijk.'
Nee, zo gaat het niet, alleen maar als je het versneld afdraait.

Slaap In mijn hoofd zit een citaat: 'Sleep, Death's sweet sister.'
Slaap, het leuke zusje van de dood. Shakespeare? Vergeefs gezocht. Zelf verzonnen? Lijkt me sterk.

De Grieken hadden Thanatos en Hypnos als broers.
In Gustav Janouchs gesprekken met Kafka lees ik dat de dichter Johannes R. Becher de slaap aanduidt als een vriendelijk bezoek van de dood.

Slechte grap rond de dood Collega H. vertelt van een moeizame duo-euthanasie (zie aldaar) bij een echtpaar. Na veel gedoe bereikte men overeenstemming over motivering, tijdstip en locatie. Het gaat om een kluwen aan voorbereidingen waarbij vergeleken D-day een picknick is, was. Na al deze toestanden waarin SCEN-artsen, kinderen, psychiaters, broers, zussen, schoonfamilies en kleinkinderen naarstig dooreenwarrelden, kwam dan eindelijk het moment

van de grande finale. Collega B., die de vrouw bediende, kwam van zijn kant nader tot het bed, terwijl H. van haar kant eveneens naderbij trad met de hemlock. Er heerst een gespannen stilte die plotseling door de man wordt verstoord als hij zenuwachtig zegt: 'Ik begin eigenlijk te twijfelen of ik wel...' Er gaat een golf van emotie door de omstanders, en collega H. zou hem wel in zijn gezicht willen slaan als hij olijk lachend zegt: 'Geintje! We gaan er gewoon mee door hoor.'
Ongeveer net zo grappig als een vat vol dooie baby's, zou Lilian Gish zeggen.

Sneeuw A. Roland Holst, 'Laatste weerzien met Gerrit Achterberg' (1975)

Toen ik, zo vlakbij onder glas,
zijn onbereikbaar hoofd zag, was
het mij of ik dit al een keer
gezien had, maar ik wist niet meer
waar of wanneer.
Maar later, in de trein alleen,
viel het mij in: een jaar geleên
schoof ik, in alle vroegte, zacht
het gordijn open, en ik zag
dat het gesneeuwd had in de nacht.

Snobs Ik loop met collega B. over Zorgvlied. We leveren commentaar op de grafstenen. Hij vertelt over zijn schoonouders. Zij hadden geen steen op hun graf nodig, want in hun arrogantie wisten zij: komt de jongste dag dan weet Hij ons wel te vinden.

Alle andere stervelingen moeten door middel van zo'n steen roepen als kinderen bij de sinterklaasoptocht: 'Piet! Piet! Hier Piet!'
Maar God zou de familie van B. nooit voorbijlopen, al staken ze hun hand helemaal niet uit.

Spike Milligan Deze komiek, auteur en acteur schreef in 1990 naar *The Times* met de vraag of zijn necrologie al klaar was: 'Want ik voel me niet zo lekker de laatste tijd.'

Spoken Ik dacht altijd dat die verdwenen toen we goed begonnen na te denken. Maar het blijkt dat hun vertrek vrij netjes samenvalt met de uitvinding van elektrisch licht door Edison in 1877.

Sterfbed Woody Allen: 'See this beautiful watch? My granddad sold it to me on his deathbed.'

Sterfbed van Hans Warren Andermans huishouden, wat zal je je ermee bemoeien? Tenzij ze de boel op straat gooien, want dan mag je meedoen met klagen, lachen of huilen. Nu vergeet ik mijn favoriete werkwoord rond andermans huishouden: oordelen.
Hans Warren gooide de boel al jaren op straat in zijn *Geheim Dagboek* en daar wordt heel gunstig over geoordeeld. Ook het laatste deel raad ik u zonder meer aan, al is het maar omdat je zelden een zo heldere lamp ziet branden in een zo schamele woning.
Warren was er lichamelijk slecht aan toe in zijn laatste jaar. Hij leed aan levercirrose, een ziekte die onder andere enorme vochtophoping tot gevolg heeft in de buik, waardoor

een mens wel tien tot twintig kilo zwaarder en onhandelbaarder wordt bij opstaan, wassen, aankleden en vooral ook bij toiletgang. Opstaan vanaf de wc-bril is een alom onderschatte manoeuvre, dat lees je nog eens duidelijk in deze kroniek van lichamelijk ongemak.
Warren deelt het leven met Mario Molegraaf en hoewel ik het wel weet uit mijn dagelijks werk zag ik het in dit dagboek nog eens op akelige wijze beschreven. Langdurig voor een zieke zorgen is geen doenlijke opdracht, hoeveel je ook van elkaar houdt. Als van twee gelieven één in de versukkeling raakt en zich als een drenkeling gaat vastklampen aan de ander die het nog redt, ontstaat er vrijwel altijd een omarming die zo beklemmend wordt dat de gezonde zich er desnoods met geweld uit zal trachten te bevrijden.
Lichamelijk en geestelijk geweld. De lichamelijke variant is zo weinig zeldzaam dat er in het Engels een standaarduitdrukking voor bestaat: '*granny bashing*'. Maar granny slaat ook terug. Je kunt je huisgenoot immers kapottiranniseren met je hulpvraag. Ik moet weer plassen, ik lig niet goed, ik ben te moe voor die verjaardag, ik heb ernaast gepoept geloof ik, je legt altijd de verkeerde trui klaar, je weet dat ik niet tegen deze handdoek kan, als je zo begint te schreeuwen ben ik liever dood, was ik maar dood, jij wilt me toch dood?
Deze machtsspelletjes doen zich ook voor in het verpleeghuis, maar het verloopt daar milder omdat de geterroriseerden een groep vormen die kan uitwaaieren om even buiten bereik te zijn. Zo gaat dat niet in de huiselijke kring. Er is maar één slachtoffer, bij dag en bij nacht, week in week uit, maand in maand uit. En die wordt bijna altijd gek.
Hans Warren klaagt maandenlang heimelijk over zijn ver-

zorging in het dagboek, waarvan hij wist dat Molegraaf het na zijn dood zou lezen. Dagboekschrijvers schrijven meestal een brief aan hun latere ik, of een brief aan de wereld, een brief in dit geval aan ons over Molegraaf die er machteloos mee in zijn handen staat, te kijk gezet door zijn 'slachtoffer'. De treiterige sfeer die tussen deze twee mannen opbloeit rond het verschil in zelfredzaamheid is ongelofelijk giftig. Als Warren op de wc een paar keer lelijk valt, wordt hij daar niet voor getroost maar krijgt hij genadeloos op zijn lazer omdat hij dat alleen maar doet om Molegraafs geplande uitje naar dit of dat te saboteren. Hoewel Warren echt dodelijk ziek is, wordt hem door Molegraaf verweten dat hij altijd zo overdrijft, zich niet zo moet laten gaan, dat hij oefeningen moet doen en dus dat hij mee uit moet naar musea, uitzichten, kijkdagen, restaurants en vrienden in Zeeland, Blaricum, Limburg, Brussel, Bonn, Noord-Frankrijk, Haarlem, Luxemburg, Den Bosch, de Ardennen, en de arme man haat die uitjes, die hem tergen en vernederen. Want hij is bang om in zijn broek te poepen, hij kan nauwelijks traplopen of de auto in en uit komen.

Het mag een wonder heten dat Warren, al lag hij dan lichamelijk in de goot, oog hield op de sterren: de natuur en zijn verzameling en ondanks alles de dankbaarheid jegens Mario, zonder wie hij allang niet meer thuis zou kunnen zijn. Dat hij de liefdevolle aandacht voor de mooie dingen die ze samen zo graag kochten tot op het laatst bij zich had, is een bijzondere zegen die hij graag blijft noemen in zijn dagboek. In een gesprek in de krant maakt Molegraaf zich zorgen over verontwaardigde reacties van lezers over zijn beroerde rol als verzorger. Ik zou me er weinig van aantrekken. Alleen sukkels die daar nooit geweest zijn weten hoe je zoiets

moet aanpakken. Als vakman verbaas ik mij over het feit dat de hulpverleners rond Warren zo laat, of helemaal nooit, met luiers, toiletverhoging, handgrepen, catheter, hoog-laagbed, aandacht voor Molegraaf, gescheiden slaapvertrekken en respijtzorg zijn aan komen zetten.
Als mens kan ik over Molegraaf slechts zeggen: ik neem ootmoedig mijn petje voor hem af, want hij heeft zich samen met zijn stervende vriend een weg moeten zoeken door een rampgebied. Achteraffers weten altijd betere routes, maar niemand die Molegraaf of Warren tijdens de vreselijke tocht op een kaart heeft gewezen.

Sterfbed van mevrouw M. Mevrouw M. is dement en stervend. Haar man is ook dement, maar niet stervend. Hij woont in een verzorgingshuis en komt dagelijks op bezoek in het verpleeghuis. Hij weet niet meer dat ik hem gebeld heb met de boodschap dat hij moet komen. Hij blijft in de deuropening van haar kamer staan. Hij heeft goed zicht op wat er in het bed gebeurt. Maar hij gaat niet bij haar zitten om haar hand vast te houden. Hij kijkt wel naar haar en ziet het moeizame ademen. Maar ziet hij haar sterven? Ik weet het niet.
Ik vraag hoe het met hem gaat.
'Prima. Er komt nu een nieuwe, twee keer per week, om de boel schoon te houden. En weet je wat het is? Dat schoonhouden van een huis stelt weinig voor, als je het maar bijhoudt. Daar heb je discipline voor nodig. En dat heb ik geleerd, discipline, orde, vooral bij het onderdeel waar ik bij zat.'
'?'
'De mariniers!'

‘In welk jaar was dat?’
‘1947.’
‘Dat is mijn geboortejaar. Moest u niet naar Indië?’
‘Dat heb ik geweigerd.’
‘Ik feliciteer u.’
‘Ja, je land verdedigen, dat is je plicht, maar met die mensen hadden wij niks te maken.’
Ik zie nu over zijn schouder dat mevrouw niet meer ademt. Ik zeg hem dat ze is overleden. Hij praat monter verder.
‘Ja, dat dacht ik al. Het ging niet goed hè?’
Hij neemt opgeruimd afscheid. Hij rijdt nog auto.

Sterven bij beetjes Tennessee Williams over cruisen:

‘Oh Christ, you don’t understand. There’s nothing emptier, nothing more emabarrassing than a street-corner pickup. Usually you get crabs, and you’re lucky if you don’t get the clap and each time a little bit of your heart is chipped off and thrown into the gutter.’

‘O shit, je snapt het niet. Er is niets leger, niets pijnlijker, dan iemand op straat oppikken. Meestal krijg je platjes en je boft als het geen druiper is, en elke keer wordt er een stukje van je hart afgebroken en in de goot gegooid.’
Uit: *Memoirs* (1975).

Stervende Kerk, het Constantijn College 20 September 1999. Tegen beter weten, of ander weten, in vanmorgen weer een keer naar de kerk gegaan in het Constantijn College in Amersfoort. Ik kwam pas bij het Pater Noster binnen, jammer. De celebrant was pater X., een mij onbekende. Pa-

ter B., mijn oude leraar tekenen en kunstgeschiedenis, zat in burger in de koorbanken. De parochianen, allemaal oud-leerlingen, vermoed ik, in gezelschap van hun vrouwen en dochtertjes met van die olijk bedoelde Veluwse hoedjes. Een troepje verlatenen waarboven zich de zeeën van de tijd reeds lang gesloten hebben, nu hier onder water toevend in een luchtbel, voor zolang het duurt.
Na de mis tref ik pater B. buiten. Hij vertelt dat de drie nog levende paters het klooster op 1 juni 1999 hebben verlaten om in Zeist te gaan wonen. Het verdelen van de erfenis eist zijn volledige aandacht. Hij vindt het erg moeilijk allemaal. Bovendien werd hij deze zomer geopereerd wegens blaaskanker.
Ik voel een zekere schuld naar deze mannen toe, die door de wereld worden verlaten voordat ze zelf de wereld verlaten. Op de rand van het graf nog even de mededeling dat het allemaal voor niets is geweest. Het is alsof we over hen aan het nakaarten zijn begonnen terwijl ze nog leven.
Doordat ze afsterven worden ze gedwongen hun hele boeltje zelf te verkopen. Het klooster en de kapel aan een protestants-christelijke organisatie, waarbij ze de kerk op zondag mogen blijven gebruiken. Het bestuur van de orde in Duitsland, Nederland en België is samengevoegd. Maar binnenkort valt er niets meer te besturen. Pater B. vertelt dat ze de bibliotheek hebben ondergebracht in een klooster bij Cuyk dat sinds 1381 (hij heft trots zijn wijsvinger op bij dit jaartal), door de orde bewoond werd.
Op een kerkhof zie je wel eens een bordje bij een graf: 'Wij zijn voornemens dit graf te ruimen'. Zei de Tijd tegen de katholieke kerk.

Stervende Kerk in een buurtcentrum In de afgelopen weken kwam ik weer eens heel dicht bij de laatste resten van de katholieke kerk. Het gebeurde tijdens een uitvaartmis in een kleine eigentijdse ruimte. Eigenlijk weet ik niet goed hoe lang geleden het is dat ik een mis heb bijgewoond. Deze priester deed zijn best, maar het ging allemaal erg sleets. Ik zag op de gezichten van vooral de jongere, volstrekt onkerkelijke, aanwezigen een vraagteken over het gedoe dat zich vlak voor hun ogen afspeelde, dat langzaam verwerd tot een met moeite onderdrukte lachbui. Dat deed me eigenlijk zeer.

Ik zal proberen dat uit te leggen. Ik heb zelf ongeveer een halve eeuw geleden de kerk verlaten. Het had niets weg van een vlucht, het was zeker geen ontsnapping uit een geestelijke gevangenis, maar The Beatles klonken zo oneindig veel beter dan het gregoriaans, dat het besluit nauwelijks een besluit was.

Als misdienaar had ik erg veel waardering voor de rite van de mis, maar ik geloof niet dat dat gevoel veel dieper ging dan een liefde voor uniformen, parades, wapperende gewaden, processies, degens, cowboys, muziekkorpsen, urbi et orbi, juichende menigtes, medailles, wierook en dan ook nog een gouden kelk. Ik heb pas veel later in mijn leven waardering gekregen voor het prachtige weefsel van het misoffer. Is het niet zo dat in de mis in koud dertig minuten het hele drama van de allerbelangrijkste, maar tevens hoogst onbegrijpelijke relatie tussen mens en God en wereld op symbolische wijze wordt nagespeeld? En dat vanaf de schepping tot het Laatste Oordeel, met behulp van gebaren, gewaden, prachtige teksten en (halverwege het gebeuren) de heuse aanwezigheid van God zelf. Als misdienaar

durfde ik nooit goed te kijken als de priester de plechtige Latijnse bezwering sprak: *Hoc est enim corpus meum...* en even later *Hic est enim calix sanguinis mei, novi et aeterni testamenti, mysterium fidei...* Woorden die de daadwerkelijke goddelijke aanwezigheid moesten afsmeken, waarna hij eerbiedig knielde voor de nu in goddelijk lichaam en bloed veranderde hostie en wijn. Op dat moment moest je als misdienaar even de bel laten rinkelen en altijd weer werd de hele kerk stil bij de binnenkomst van God.
Vijftig jaar later sta ik in een bedompt zaaltje en kijk ik met een stil verdriet naar de verschrompeling van de kostelijke symboliek waarin dit, zeg maar gerust kosmische, drama ooit vervat was. Ik meen zelfs op de kazuifel van de priester een duidelijk JHS geborduurd te zien in plaats van een IHS. Tijdens de consecratie gebeurt er helemaal niks. De mensen kijken onaangedaan toe, als honden die naar Chopin luisteren. Ze horen het wel, maar ze horen het natuurlijk niet. Het is menselijk gesproken onmogelijk dat er hier nog zoiets ontstaat als 'de binnenkomst van God' en dat ligt niet aan het feit dat Hij er niet is. Ik moest denken aan Busken Huets verwijt aan Cats dat hij 'de melodieën van de Eeuwigheid op een draaiorgel had gezet'. Zo vergaat de wereld.
De tweede aanraking was al even melancholiek. Ik hoor nu pas dat pater Scholtens, leraar klassieke talen op het Constantijn College in Amersfoort, eind vorig jaar op 104-jarige leeftijd is overleden. Ik heb nooit les van hem gehad want ik zat op de hbs, maar ik herinner mij hem als een vriendelijke, goedlachse man, bij wie ik in de vroege ochtend in de crypte van het klooster wel eens de mis diende. Daar bevonden zich zo'n twaalf kleine altaren waarop of waaraan meerdere paters tegelijk hun dagelijkse mis opdroegen. Het gebeurde

om zeven uur in de ochtend en als beloning kreeg je een heerlijk ontbijt in een kamer naast de refter.
Als misdienaars deelden we de paters in naar hun celebratiesnelheid. Pater Van de B., een in brede kring gehate wispelturige tiran, was ongetwijfeld onze favoriet. Want waar anderen toch nog altijd zo'n twintig minuten nodig hadden om van het *Introibo ad altare Dei* tot het heerlijke slotakkoord 'door de goddelijke kracht in de hel terug' te komen, wist pater Van de B. een en ander in een kwartier af te raffelen, zodat je als eerste de ontbijtkamer kon betreden. Pater Scholtens zat in de middenmoot qua celebratiesnelheid.
Met zijn dood moet er welhaast een einde zijn gekomen aan de Orde der Kruisheren. Het is een van de weinige ordes die in de Nederlanden zijn ontstaan. Het gebeurde zo'n achthonderd jaar geleden rond Hoey, prinsbisdom Luik, waar Theodorus de Celles, een kritische kanunnik, in 1210 op pauselijke aandrang iets begon om 'het kruis te prediken'. Dat wil zeggen: aanzetten tot kruistocht. De paters droegen een wit habijt waarover een zwart scapulier waarop een kruis was genaaid waarvan de rechte balk rood en de dwarsbalk wit was 'ter herinnering aan het water en bloed dat uit de zijdewonde van den Zaligmaker vloeide', zo zegt mijn *Geschiedenis van de Orde der Kruisheren* door J. Francino o.s.c. uit 1946.
Wat zei de dichter? De dichter zei: treinen die voorbij zijn, komen nooit meer terug, zeg maar dag met je handje.

Stervende kerk, Jan van Kilsdonk Maart 2006, gesprek met Jan van Kilsdonk s.j.
Op mijn vraag hoe het hem gaat is het antwoord: 'Niet goed. Hoewel geestelijk nog geheel in orde, voel ik mijzelf de laat-

ste maanden in kracht afnemen. Maar intellectueel mankeert mij niets. Zo kan ik mij nog heel intensief bezighouden met kwesties van theoretische aard die jij ongetwijfeld als volkomen abstruus zou ervaren. Ik geef een voorbeeld: het Credo uit de mis, dat ergens in 424 werd geformuleerd, in ieder geval na Constantijn, ik kan daar over peinzen, de vraag bedoel ik, waarom die mensen toen juist deze woorden kozen die toen vanzelfsprekend geheel anders klonken dan nu, wellicht onvoorstelbaar anders.'
Hij praat over zijn confraters: 'Ik zit hier onder overschotten, de orden gaan dood. Wij zijn met ons vieren, maar ik zit hier eigenlijk, je bent de eerste buiten de orde die ik dit vertel, ik zit hier eigenlijk met enkele alcoholisten. Ik drink zelf niet, ik dronk ook nooit, maar ik kan een zekere reflex niet vermijden, het is geen intellectueel oordeel, geenszins, maar toch, daarbij is een van de twee ook nog halfblind en hij is geneigd zijn lichamelijke gebreken uit te vergroten. De vroegere kloosterdiscipline bestaat natuurlijk niet meer, wij hebben een overste, maar die woont elders, mijn huisgenoten schaffen zelfstandig het voedsel aan, dus ook drank, daar gaat niemand anders over. Maar de oversten hebben de rekeningen wel aandachtig gelezen, en mijn zorg is, even afgezien van mijn huisgenoten, die het geen pretje is halfzat te aanschouwen, maar mijn zorg is dat men de communiteit, of het huis, wel eens zou kunnen opheffen en dat betekent dat ik wellicht nog voor mijn dood Amsterdam zal moeten verlaten en dat zou ik heel moeilijk vinden.'
Hij is 89. Niet bang voor de dood? 'Nee, dat gevoel ken ik niet.'
Bang voor het sterven? 'Nee, ach, niets is zeker, maar ik verwacht dat ik als mijn broers zal gaan: een paar dagen ziek,

vijf dagen, en geestelijk volkomen helder tot het einde. Ja, zo ongeveer. Maar je weet het natuurlijk niet. Ik voel dat die pillen voor mijn hart mij niet meer omhooghouden zoals ze deden. Nee, dat is niet meer zo.'
Kilsdonk had nog iets meer dan twee jaar te gaan, maar Amsterdam heeft hij niet hoeven verlaten. Hij stierf in juli 2008.

Stervende kerk, Pater B. Jaren later hoorde ik hoe het verder ging met pater B., die blaaskanker had. Hij woonde met twee andere paters in Zeist in de bungalow van kardinaal Alfrink. B. viel op 75-jarige leeftijd voor een vrouw. Zij was 39 en kookte voor de paters in het klooster. B. was de prior van de nu nog slechts drie leden tellende kloostergemeenschap. Hij beheerde het geld en kocht samen met zijn vriendin een huis ergens in Overijssel. Dat geld was er na de verkoop van het kloostergebouw. Maar het was niet van B. Vriendin zet hem op straat, huis op haar naam, B. brengt de rest van zijn leven door bij familie.
Dat hij op 75-jarige leeftijd eindelijk bezweek voor een vrouw toont de weerloosheid van deze door het leven althans op dit punt volstrekt ongetrainde mannen. Maar wie zegt dat hij op dit punt zo ongetraind was? LaRochefoucauld zei immers: 'Ik ken wel mensen die nooit verliefd waren, maar geen die dat maar één keer overkwam.'

Stervenszorg Waarom doe je het? Mieke vond de oplossing in een cartoon. Man zit in overvolle dokterswachtkamer. Belletje gaat, volgende patiënt graag. Men stoot hem aan: 'Het is uw beurt.' Man zegt: 'Ik hoef helemaal niet.' Grote grijns. 'Daarom zit ik hier.'

Subtiel requiem Koos van Zomeren:

'Oude prooilijsten van de grauwe kiekendief (de eerste dateert van 1918) lezen als een vademecum van verloren landschappen.'
Uit: NRC, 8 juni 2003.

Symbool Ik zag het voor het eerst op graven in New England. Maar je ziet het ook wel op protestante graven bij ons. Schedel met aan weerskanten een vleugel, links een vleermuisvleugel, rechts een vogelvleugel, plus zandloper. En de boodschap luidt: de tijd vliegt, bij dag en bij nacht. Daar moet geloof ik wel een Bijbeltekst bij. '... gij kent dag noch uur' misschien?

T. Collega W. werd gebeld door een jonge vriend die ooit stage bij hem liep.
'Die cervicale hernia die ze vermoedden is er niet. Het ziet er eerder uit als ALS. Ik ga dood, Jan.'
W. legt geschokt de telefoon neer. Zijn vierjarig zoontje ziet zijn verwrongen gezicht.
'Wat is er pappa?'
'Een lieve vriend is heel erg ziek.'
'Hoe heet hij?'
'Tim.'
'Tim! Dat is een T net zoals in tijger!' en hij loopt opgetogen weg.
'Voelde me meteen weer wat beter,' zegt W.

Terminaal delier Bij 'delier' denken mensen vaak aan 'het delirium' een verwardheidstoestand die dreigt wanneer een alcoholist plotseling ophoudt met drinken. 'Onttrekkingsdelier' is de technische term. Maar iets vergelijkbaars zie je heel vaak in stervenden. Ik zeg met opzet 'heel vaak', want het wordt nog altijd miskend, vooral door professionals die niet zo veel sterfbedden zien, of die niet goed opletten bij sterfbedden. Het is niet prettig om naar te kijken en nog veel ellendiger om te moeten doormaken. Waarom is moeder toch zo onrustig? denk je dan. Nou, omdat ze heel wat meemaakt, maar ze kan er net niet bij. Het gaat meestal om onprettige dingen, dat wil zeggen: je ziet schimmen die iets willen, je zoekt sleutels, je moet weg, het huis brandt, alles kapseist, je valt omlaag, maar er is geen grond. Opdrachten warrelen door elkaar, de schim wil geld lenen, de kluis is onvindbaar, de taxi wacht niet langer, het trappenhuis staat vol rook, je probeert een raam enz. enz.

De verwardheid komt doordat je halfwakker bent. Het heet ook wel 'schemertoestand', alles wat je ziet verdwijnt net om de hoek als je het begint te begrijpen. Kwetsbare ouderen op de Spoedeisende Hulp zijn vaak delirant door een combinatie van factoren: pijn, trauma, plotselinge gebeurtenis, vreemde omgeving, koorts, bloedverlies.

De beste bestrijding van het terminaal delier is sederen met haldol, dormicum, morfine of een combinatie daarvan. Het vervelende is dat je van morfine delirant kunt worden. En als iemand eenmaal rustig is wat betreft de aanblik, dan heb je nog geen garantie dat het daarbinnen allemaal weer netjes op een rij ligt. Niet te veel aan denken.

Ik zei dat veel professionals het terminale delier niet in de gaten hebben omdat ze te weinig sterfbedden zien of niet goed opletten. Hoewel allerminst een beroepskracht, zag Marcel Proust pijnlijk goed wat er gebeurde tijdens het meest onthutsende sterfbed van zijn leven, het sterfbed van zijn moeder, later gebruikt voor de beschrijving van het sterven van de grootmoeder in *Op zoek naar de verloren tijd*. Grootmoeder is al enkele weken ziek als het beeld verergert en haar laatste dagen ingaan. De verteller wordt midden in de nacht wakker gemaakt door zijn moeder. Ze gaan samen naar de sterfkamer.

'Op zo zachte toon dat ze bang leek mij pijn te doen vroeg mijn moeder of ik wilde opstaan als ik niet te moe was, en zei, mijn handen strelend: -Lieve jongen, nu zal je het voortaan alleen met je papa en mama moeten stellen.
Wij gingen de kamer in. Gekromd in een halve cirkel, lag op het bed een ander wezen dan mijn grootmoeder, een of ander beest dat haar pruik had opgezet en tussen haar lakens was gekropen, te hijgen en te kermen, schuddend met de dekens van het stuiptrekken. De oogleden waren dicht en het kwam veeleer doordat ze slecht sloten dan opengingen dat ze een stukje pupil lieten zien, glazig, drachtig, de duisternis weergevend van een zielloos kijken en inwendig lijden. Al die agitatie was niet gericht tot ons die zij zag noch kende. Maar als wat daar zo bewoog nog maar een beest was, waar was dan mijn grootmoeder? Je herkende wel de vorm van haar neus, nu buiten alle verhouding vergeleken bij de rest van het gezicht, maar waar opzij nog steeds een moedervlekje zat, haar hand die de dekens wegduwde, met een gebaar dat vroeger zou hebben betekend dat die dekens haar hinderden en dat nu niets betekende.'

Ik zou bijna vergeten dat er ook een opgetogen versie bestaat van het terminaal delier. Hier is de beschrijving van

William Blakes laatste ogenblikken. Blake was dichter, etser, profeet en ziener. Het was zijn hoedanigheid als ziener die zijn echtgenote deed verzuchten:

'I have very little of Mr. Blake's company; he is always in Paradise.'

Blake zat meestal boven, maar hij woonde hierbeneden, een verblijf waar een einde aan kwam op 12 augustus 1827, beschreven door de schilder George Richmond:

'Hij stierf Zondagavond om 6 uur op glorievolle wijze. Hij zei dat Hij naar dat land ging dat hij Zijn hele leven had willen zien en betoonde Zich Gelukkig in de hoop op Verlossing door Jezus Christus – Even voor hij stierf lichtte Zijn Gelaat op. Zijn ogen werden helderder en Hij barstte uit in een lied over de dingen die hij zag in de Hemel. Waarlijk Hij Stierf als een Heilige zoals een persoon opmerkte die bij Hem was.'

Ik heb de merkwaardige hoofdlettering gehandhaafd. Maar het tafereel is duidelijk: op het stervende gelaat van de dichter zagen de omstanders het schijnsel van de eeuwigheid weerspiegeld. Alsof Blake vanaf zijn sterfbed alvast een blik in de hemel mocht werpen. Maar meestal is er tijdens een terminaal delier geen sprake van prachtige hallucinaties, eerder 'een zielloos kijken en inwendig lijden'.

Terugblik Ik vraag meneer T. of hij een goed leven heeft gehad. 'Het was het enige leven dat ik te pakken kon krijgen. Ik kan het dus niet vergelijken met eventuele andere levens die ik leidde.'

Hij stuurt het gesprek een heel andere kant op. 'Zo zeggen mensen wel dat dit een heel vreemd, of mooi, of angstwekkend heelal is. Maar kennen ze dan andere heelallen, waar deze tegen afsteekt?'

Testament Schrijver-historicus A.L. Rowse, juni 1966, hij was toen 62, in zijn dagboek:

'I wdn't leave a penny of my money to advance anything in the contemporary world. Only for the benefit of the past. I hate the guts of the modern world, everything about it, even its good points.'

'Ik zou geen cent van mijn geld nalaten om iets in de hedendaagse wereld vooruit te helpen. Alleen maar ten bate van het verleden. Ik heb gruwelijk de pest aan de moderne wereld, in alle opzichten, zelfs de goede kanten ervan.'

Teylers Museum Daar zag ik voor het eerst een fossiel dat ontroerde. Ik doel op de archeopteryx, de eerste vogel. De prachtige manier waarop dit diertje tot stilstand is gekomen in steen deed me denken aan het sterfbed van mijn moeder, die helemaal niet schilderachtig tot stilstand kwam. Maar toen ik het zag dacht ik met vergeefse hoop: had zij haar vleugels maar zo mooi mogen dichtvouwen. Ze hebben er ook mammoetschedels van onwaarschijnlijk grove proporties. Hoe vaak heeft het mensdom zich in halfslaap moeten omdraaien bij het zien van deze botten, die heel geleidelijk het eerste hoofdstuk schreven van het boek over onze echte leeftijd. Pas in de negentiende eeuw drong het heel langzaam tot ons door dat de aarde zoveel ouder

was dan de Bijbel aangaf. Waarmee de Bijbel vanuit een totaal onverwachte hoek ondergraven werd.
Over de dreiging van de geologie zei John Ruskin (1819-1900): 'Aan weerskanten van elke Bijbelregel hoor ik de hamer van de geoloog tikken.'

Tikje We waren op vakantie in Frankrijk, kort nadat onze vriendin G. te horen had gekregen dat ze een ongeneeslijke kanker had. Tijdens een wandeling in Vaisson la Romaine kreeg ik ineens stekende pijn in mijn linkerzij. Ik dacht longembolie of infarcering van een door leukemie gigantisch geworden milt, of... 'Gekneusde rib,' zei mijn vrouw, 'zeur niet zo.'
Maar ik was bang geworden door het lot van G. Je vertrouwt je lijf dan niet meer. Dus ik verdedigde me: 'Ik dacht dat de Dood me even op mijn schouder tikte.'
'Ja, en je keek om en het was de paashaas.'

Toekomst In zijn laatste levensjaren at ik nogal eens met Dries van Dantzig (1920-2005), de psychiater. Altijd op dezelfde plek, Roberto's, naast het Hilton. Eenmaal de tachtig voorbij begon hij zich te ergeren aan publicaties, onderzoeken of rapportages waarin dingen werden gepland of beschreven waar hij niet bij aanwezig zou zijn. Voorbeeld: 'Naar verwachting zal de Noord-Zuidlijn in 2018 gereed zijn.'
Mij overviel deze ergernis voor het eerst toen ik over de radio hoorde: 'In 2050 zullen alle Amsterdamse huishoudens van het gas af zijn.' Dan ben ik 103, en reeds enkele jaren bezig om de madeliefjes omhoog te duwen. Ik zou, net als Dries, graag willen dat men de toekomst waar ik geen deel

van uitmaak, bij mij weghoudt. Het idee dat vrijwel alles na je dood gewoon doorgaat, maakt je hele aanwezigheid irrelevant. We komen hier in het gebied van de insignificantitis, een ego-ontsteking veroorzaakt door constatering van het eigen formaat.

Trevelyan 'Het poëtische van geschiedenis schuilt in het wonderbaarlijke feit dat er eens op deze aarde, eens, op dit bekende stukje grond, andere mannen en vrouwen rondliepen, net zo aanwezig als wij nu, die hun eigen gedachten hadden, door hun eigen hartstochten werden gedreven, de ene na de andere generatie verdwijnend, echt weg, zoals ook wij binnenkort weg zullen zijn als geesten bij het gekraai van de haan.'
G.M. Trevelyans autobiografie geciteerd in *The Times Literary Supplement*, 30 augustus 2015.

Troost? Wat mensen ook nogal eens aanbieden als verzoenend waar het onze sterfelijkheid betreft, is de gedachte dat de toestand na je overlijden precies is als die van voor je geboorte. Denk eens aan al die eeuwen voorafgaand aan je verschijnen hier op aarde, was een makkie, toch? Dus waarom zou je je zorgen maken over de dood, want dan kom je weer in die moeiteloze toestand terecht.
Ik hoorde laatst de Engelse versie van deze gedachte: 'Life is a breath during death, before we are born, we are dead, after we end life we become dead again.'
Dead again? Lijkt me niet. Ik geloof wel dat we na ons overlijden dood zijn. Dat wil zeggen: niet fysiek aanwezig maar wel rondhangend in de geesten van onze geliefden. Maar voor onze geboorte waren we toch niet dood? Er was toen

iets heel anders aan de hand met ons. Namelijk: niks. Niemand zag jou aankomen, voordat je geboren werd.
Er bestaan nog meer varianten op dit thema. Bloem heeft het er in 'Zondag' ook over, maar bij hem is het niet troostend bedoeld:

Ten einde is dit wellicht nog 't meest:
Te kunnen zeggen: het is even.
Tussen twee stilten luid geweest.

Maar de mooiste verwijzing naar wat er vóór onze dood is komt uit Beda's *Historia ecclesiastica gentis Anglorum*, geschreven begin achtste eeuw. Koning Edwin beraadslaagt met zijn krijgers of hij zich tot het christendom zal bekeren. Een van de mannen staat op en beschrijft het lot van de mens:

'Het leven van de mens, Machtige Koning, is als een musje dat naar binnen tuimelt, voortgeblazen door de winterstorm terwijl u met uw Ridders en Raadsheren bij een knapperend vuur aan de maaltijd zit. Hier kwam hij binnen, op haastige vleugels, een ogenblik veilig voor de storm, daar vliegt hij alweer de donkere winter in waar hij uit kwam. Zo lijkt het leven van de mens gedurende korte tijd, maar wat eraan voorafging of wat erop volgt, wij weten het niet. Dus als deze nieuwe leer meer zekerheid biedt dan is het juist die te volgen.'

Troost! De Britse schrijver Julian Barnes verloor zijn vrouw Pat Kavanagh in 2008. Hij was toen tweeënzestig, zij was achtenzestig. Tussen de diagnose en haar overlijden zaten slechts zevenendertig dagen. Toen het enigszins voorbij was, dat wil zeggen, vier jaar later, schreef hij er een prachtig boek over, *Levels of life*, vertaald als *Hoogteverschillen*. Hij beschrijft het effect van Pats dood op zijn relaties met vrienden.

'Oude vriendschappen kunnen zich verdiepen door gedeeld verdriet. Jongeren doen het beter dan middelbaren; vrouwen beter dan mannen. Dit zou niet moeten verrassen, maar dat doet het wel. Je zou toch verwachten dat mensen die het dichtst bij je staan in leeftijd, geslacht en huwelijkse staat het meeste begrip hebben. Hoe naïef. Ik herinner me een tafelgesprek in een restaurant met drie getrouwde vrienden ongeveer van mijn leeftijd. Alledrie hadden ze haar jarenlang gekend – misschien wel tachtig of negentig jaar in totaal – en als je het had gevraagd zouden ze alledrie gezegd hebben dat ze van haar hielden. Ik noemde haar naam; niemand reageerde. Ik deed het nog een keer, en weer niks. De derde keer was misschien een opzettelijke uitdaging, want ik was nijdig over wat mij niet trof als wellevendheid maar als lafheid. Bang om haar naam aan te raken verraadden ze haar tot driemaal toe, en ik voelde minachting voor ze.'

Ik moest aan deze passage denken tijdens een toespraak van Carel ter Linden in de Bergkerk in Amersfoort, waar we bijeen waren om ons te bezinnen over ouder worden. Ter Linden sprak over de moeilijkheid waar de vrienden van Julian Barnes kennelijk geen oplossing voor hadden gevonden: hoe moet je omgaan met iemand die recentelijk zijn man of vrouw heeft verloren? Geen zeldzame gebeurtenis in de ouderdom. Het was een subtiel betoog, dat we meekregen, dus ik kan eruit citeren. Zo noemde hij een aantal uitspraken die wel troostend bedoeld zijn, maar die zelden dat effect hebben: 'Wat heerlijk dat je je kinderen hebt.' Of: 'Wat een geluk dat uw vrouw niet heeft hoeven lijden.' Of deze: 'Denk eens aan meneer die en die, dat is nog veel erger.'

Deze laatste heb ik zelf een keer gehoord uit de mond van een ietwat ongeduldige zuster die het eindeloze gejammer van meneer H., die maar niet over de amputatie van zijn been heen kon komen, spuugzat was. 'Kijkt u nou eens naar mevrouw Derksen, die heeft twéé benen moeten missen, maar die zeurt nergens over!'

Ter Linden kwam ook met een handreiking. Hij vroeg eens aan een weduwe wat voor haar nu echte troost was en zij antwoordde: 'Troost is als mensen met jou over de overledene willen praten en hem of haar samen met jou als het ware tevoorschijn doen komen.' Precies datgene wat de vrienden van Barnes niet konden of durfden. Ik denk dat hun aarzeling voortkwam uit de beleefdheid die mensen ervan weerhoudt om iets te zeggen over iemands hazenlip of loensend oog. Barnes veegt dit terecht van tafel, want het gaat niet om een gebrek, maar om een gestorven mens waarover allerlei gevoelens bestaan.

Ik heb iets dergelijks ervaren na de dood van mijn vader. Hij stierf op zevenentachtigjarige leeftijd na wat hij ook zelf zou beschrijven als een goed leven. Zijn tweede vrouw, mijn stiefmoeder, overleefde hem meerdere jaren. Het lukte me nooit goed om met haar over hem te praten. Mijn vader was kaal en hield zijn hoed op in zijn werk. Hij was schilder en bevond zich vaak in stoffige ruimtes waar geschuurd en geveegd werd. Bij flinke inspanning werd zijn schedel nat en dus ook de deuk in zijn hoed. Over de jaren ontstond uit het verzamelde stuifsel van de verschillende klussen waar hij had gewerkt een plak, waarvan ik mij de geur tot op de dag van vandaag goed herinner. Als ik zoiets ophaalde zag ik de luiken sluiten in haar ogen. Ze was niet in staat, of bereid, om mijn vader samen met mij weer tevoorschijn te halen, iets wat moeiteloos lukt met mijn broers en zusters. Maar wij konden elkaar niet troosten. Ik vond dat heel erg, en enigszins gênant ook, naar mijn vader toe, al was hij dood.

Tropendood Hoewel het geen geliefd onderwerp is, vertellen sommige tropenartsen wel wat ze uiteindelijk zo moeilijk vonden aan het werken in Afrika. Je hebt dienst, je woont op het ziekenhuisterrein, je loopt de zalen nog even af. En je treft de nachtzuster diep in slaap. De controles die je had afgesproken voor die net geopereerde patiënt (bloeddruk, pols, temperatuur) zijn om 1 uur 's nachts al ingevuld tot 7 uur morgenochtend.
En dat loopt nogal eens fout af. Dan krijg je om 7 uur een telefoontje: 'The patient, she has changed condition.' Je gaat kijken en treft een dode vrouw aan. Die volgens de zuster zojuist is gestorven. Maar de overledene is steenkoud en al meerdere uren dood.

Tucholsky, Kurt Kijkt naar zijn dood: 'Ich werde mir doch sehr fehlen.' Ik zou mij toch erg missen.

Tuin sterft In de herfst van 1880 schreef Emily Dickinson aan Mrs. Joseph Sweetser over de dood van haar tuin:

'Tante Katie en de Sultans hebben de Tuin nu verlaten en het afscheid van mijn Tuin brengt hun heerlijk gezelschap in herinnering.

De mijne waren denk ik niet zo uitbundig als in andere Jaren (wellicht dat het Water uit Pelham hun deftige smaak heeft geschokt) maar gretiger gekoesterd omdat er minder waren.
Ik neem aan dat uw Tuin bereid was te sterven – de mijne niet, denk ik – hij ging ten onder in een prachtig weerstreven, als een avondster.
Ik hoop dat u wel bent sinds wij U zagen, en zo gelukkig als Verdriet toelaat.
Er is iets zoets in Lijden als het zoete van Vreugde voorbij is.
Moeder heeft een vervelende Kou gehad, en lijdt veel door Neuralgie, sinds de verandering in de Lucht, hoewel ik niet denk dat ze zwakker is dan toen U hier was.
Zij heeft de kleine pleziertjes, die geduldigen hebben – de stemmen van Vrienden, de toewijding van Thuis.
De "Raven" moeten "roepen" om te worden verzorgd, zij hoeft slechts te zuchten.
Vinnie kent geen schaduw – dapper, trouw, nauwgezet – en moedige Maggie, nog niet gevangen in de netten van Patrick. Misschien is het helemaal het Huis dat het was toen U het de laatste keer zag.
Ik hoop dat Uw Weinigen veilig zijn, en Uw bloemen bemoedigend.
Nieuws van uw Sultans en Uzelf, zou gelijkelijk heerlijk zijn, als U zich daartoe geneigd voelt. Bloesems hebben hun Ontspanningen.
Lovingly,
Emily'

Sultans zijn bloemen (*Centaurea moschata*), maar ook met de Latijnse naam weet ik niet hoe ze eruitzien. In juni 1880 werd er voor het eerst water per buis uit Pelham naar

Amherst aangevoerd. De raven komen uit psalm 147:9: 'Die het vee zijn voeder geeft; aan de jonge raven, als zij roepen.'

Tweede Wielrenner Jacques Anquetil op zijn sterfbed tegen Raymond Poulidor die altijd net achter hem finishte: 'Je bent wéér tweede.'

Uitgepraat Op de kanonnen van Lodewijk XIV stond: *ratio ultima regum.* Het slotargument van de koning.

Untergang, Der In Berlijn kreeg ik van een taxichauffeur gratis informatie over de Polen: zij vertelde over het dode hondje van haar buurvrouw. Die wist in al haar verdriet niet wat ze aan moest met het lijkje en besloot het naar de dierenarts te brengen. Als verpakking gebruikte ze de kartonnen doos van een zojuist aangeschaft koffiezetapparaat en aldus belast stelde zij zich op bij de bushalte. Daar werd zij aangesproken door twee Polen die een adres zochten. De een sprak met haar terwijl de ander het 'koffiezetapparaat' jatte. Haar conclusie 'die Polen kunnen nog niet van een dooie hond afblijven' volgde nu juist níet uit de aangedragen feiten, maar goed.
In de boekhandel ontdekte ik Nabokovs *Eigensinnige Ansichten*, waarin een aantal nooit eerder vertaalde interviews uit de tijd dat hij daar nog aan deed. En toen hield ons voornemen 'not to mention the war' eindelijk op. Want ik begon te bladeren in Joachim Fests *Das Gesicht des Dritten Reiches*, waarin uit Hitlers *Mein Kampf* wordt geciteerd over armoede:

‘Wer nicht selber in den Klammern dieser würgenden Natter sich befindet, lernt ihre Giftzähne niemals kennen.’
‘Wie zich niet zelf in de klauwen van deze wurgende slang bevindt, zal zijn giftand nooit leren kennen.’

De kolderieke anatomie van dit droomwezen komt rechtstreeks uit de *Heraldische reptilologie voor padvinders*. Minder grappig is dat al dat klauwen, klemmen, wurgen, bijten en vergiftigen zich de straat op begaf onder Hitlers uitzinnige regie.
Nu we ons op nog geen tweehonderd meter bevonden van de plek waar het echt gebeurde leek het een goed idee om *Der Untergang* te gaan zien, de film over Hitlers laatste dagen in de bunker. Wat zich daar afspeelde is bekend: de waanzinnige Hitler die krijsend divisies heen en weer schuift die al lang niet meer bestaan. Jodl, Keitel, Weidling *e tutti brutti* als de angstige generaals. De lichtelijk ontremde Eva Braun swingend op de vulkaan. De valse Goebbels en zijn vrouw, die eerst hun zes kinderen en daarna zichzelf vermoorden. De trouwe jonge SS’er die de lijken van Hitler en Eva buiten met benzine overgiet en verbrandt. En, kort in beeld, de mooie Speer en de sluwe Himmler.
De onmogelijke vraag of je wel filmisch mag omgaan met een werkelijkheid van een zo verpletterende ernst kwam voor mij pas bij de scène waarin de omstanders bij het vuur waarin de lijken van Hitler en Eva branden, plechtig de nazigroet brengen. Dan durf je ook te zeggen dat de film-Goebbels een fatale miscast is door zijn rijzige atletische gestalte en zijn doodskopogen waarin iets zo afschuwelijks flakkert dat je denkt: hier heeft iemand reeds lang zijn pilletjes niet ingenomen.

Bruno Ganz' Hitler, zo ging het gerucht, zou iets aandoenlijks hebben. Het is mij niet opgevallen. Hij is aardig voor zijn hond en vriendelijk tegen zijn secretaresse. Een gebroken man met weinig klauw meer misschien, maar alle giftanden nog op spuugsterkte. Hij is trots op wat hij de joden heeft aangedaan, en als zijn generaals komen pleiten voor maatregelen om de burgers van Berlijn te ontzien in de naderende strijd om de stad, antwoordt hij: 'Wat mij betreft zijn er geen burgers in deze oorlog.'

Ik was zo geschokt door de film omdat deze hielen klakkende, *Mein Führer*! schreeuwende, *Eidgenössische Ehre und Treu bis zum Tode* verkondigende klootzakken niet in een Monty Python-sketch zaten, maar er daadwerkelijk in slaagden miljoenen levens te verwoesten. Er is niets zo ontmoedigend als hun stuitende vulgariteit tegen de achtergrond van de onafzienbare misère die zij aanrichtten. De film toont een glimp van die ellende door een enkele blik op wat er aan geteisem en slachtoffers rondsloop in het ineenstortende Berlijn, vlak boven deze warhoofden, die wat mij betreft veel te makkelijk aan hun einde kwamen: pistool in mond, BOEM klaar.

Hoe kijkt een Duitse naar deze film? Mijn vriendin en collega Ilse verzekerde mij dat Goebbels er écht zo uitzag, met die rare ogen. Zij is 42, haar vrouw Brigitte is 28, en nadat zij de film samen gezien hadden lieten ze het recenseren gauw achter zich 'en voor het eerst in ons samenzijn hebben we de hele nacht doorgepraat over onze familie en de oorlog'. Want als jonge Duitser vraag je over familieleden niet gauw Wie Wanneer Waar in de oorlog was en Wat deed hij daar dan?? Want zou je oom Heinz na een bekentenis die je niet aanstaat nooit meer bezoeken? En dat na al die taarten die

je voor hem gebakken hebt? Heb je dan al die jaren van een monster gehouden?
Ilse vertelde over haar grootmoeder, die abortussen deed. Het ging een keer fout. De vrouw stierf. Oma werd gevaarlijk depressief. Uiteindelijk werd ze opgenomen in een psychiatrische inrichting ergens in Sauerland. In 1942 is ze daar gestorven. Vermoord, in het kader van 'oithanazie' (geen Nederlandse euthanasie, nee). Ook na de oorlog had niemand in de familie de moed om te gaan uitzoeken wat daar nu precies gebeurd was. Vooral niet na de oorlog, want dan zouden ze in retrospect moeten toegeven dat ze er toen niets over durfden te vragen. Over zoiets bleef je liever onwetend. De diagnoses die je te horen kreeg na zo'n dood: *Unfall*, *Herzversagen*, *Darmverschluss*. Dat nam men maar voor lief, hoewel ze iets veel ergers vermoedden.
Ilse is voornemens om de dood van haar grootmoeder eindelijk eens aan haar oudtante van 96 jaar voor te leggen. Bij haar moeder durft ze er niet over te beginnen.
(Ik heb jaren gedacht dat het vermoorden van bewoners van psychiatrische instellingen hier en daar wel eens was voorgekomen. Maar dat is een gruwelijke onderschatting. Historici vinden een aantal van 200.000 slachtoffers het meest waarschijnlijk.)

Urn Het woord heeft zelf precies die stroefheid van de as die erin moet.

Urnen Krantenbericht, 11 juni 1997:

'Washington – De politie in Byron, Californië, heeft gisteren drieduizend dozen met as van overledenen aangetroffen in een hangar. De hangar is het eigendom van de voortvluchtige piloot Al Viera, die met ongeveer tweehonderd Californische uitvaartondernemingen contracten had afgesloten om voor het luttele bedrag van 60 dollar de as van overledenen uit te strooien over bergtoppen, de Golden Gate Bridge en de oceaan.'

Lijkt me een misdaad zonder slachtoffers. Waarom liet hij die urnen daar staan? Drieduizend nog wel.

Vergeefs Hoewel niemand zich graag in die ruimte begeeft, bestaat er in het paleis van de Dood een speciale kapel waar Vergeefsheid uitdrukkelijk aan de orde is. Toen Simon Carmiggelts vader in 1944 hoorde dat zijn zoon Jan in kamp Vught was bezweken, zonk hij als dodelijk getroffen neer in zijn stoel met de woorden: 'Alles vergeefs.'

Vergeefs – Leonard Woolf In 1968 schreef Leonard Woolf, schrijver, activist, uitgever en echtgenoot van Virginia:

'I see clearly that I have achieved practically nothing. The world today and the history of the human anthill during the last fifty-seven years would be exactly the same as it is if I had played ping pong instead of sitting on committees and writing books and memoranda. I have therefore to make the rather ignominious confession... that I must have in a long life ground through between 150,000 and 200,000 hours of perfectly useless work...'

'Ik zie duidelijk dat ik niets bereikt heb. De wereld van vandaag en de geschiedenis van de menselijke mierenhoop gedurende de afgelopen zevenenvijftig jaar zou precies hetzelfde zijn als ik pingpong had gespeeld in plaats van in commissies te gaan zitten en boeken en memoranda te schrijven. Ik moet derhalve tot de beschamende bekentenis komen dat ik gedurende een lang leven zo'n 150.000 à 200.000 uren heb verdaan met volkomen zinloos werk.'

Ik hoop dat ik het goed zie als ik zeg dat hier toch een glimlach in zit.

Vergelijking De Dood, erg hoor, maar niet doodgaan dan? Nooit sterven? Da's ook een ramp, misschien nog wel erger. Vgl: ophangen is natuurlijk een nare dood, ja maar stenigen lijkt me nog erger.
Dus kiezen we voor ophangen, dat echter na deze vergelijking met stenigen nog altijd even beroerd is.
Ik knap er nooit erg van op, van zo'n vergelijking. Ik krijg dan niet het gevoel: aha, de Dood valt eigenlijk wel mee.

Vergeten doden Je leest het nogal eens: vrouw zit vijf jaar dood in de stoel voor haar tv. Nu denken we allemaal: wat zielig. Maar die vijf dooie jaren waren waarschijnlijk haar makkelijkste. De vijf jaren die daaraan vooraf gingen, dat waren haar moeilijkste jaren.

Vergissinkje Collega J. vertelt me over de laatste ogenblikken van mevrouw V. Dokter nadert het bed met de overdosis, haar hond springt op het bed en legt zich neer aan het voeteneind.
'Ach,' zegt ze, 'hij denkt dat het voor hem is.'

Verval Op een boekpresentatie kom ik een zoon van een reeds lang overleden collega tegen. Twintig jaar terug was hij een dondersteen met krullend haar die onze receptie bemande in de zomermaanden.
Nu is hij in pak, stropje, half kaal alweer, advocaat in de bedrijfswereld. Vreemd, zo'n jongen lijkt ingegoten te zijn in een maatschappelijke vorm die reeds lang klaarstond. En hij was zo aantrekkelijk, half gevormd, onaf, en nu dodelijk acceptabel, geen enkele rare uitslag op de metertjes.
'Leuk dat ik je weer eens gezien heb.'

Viering Pierre L. overleed. Kanker. Mijn geboortejaar. Ja, dan tikt Hein harder op je schouder, beniger. Wij zijn nog wel op een leeftijd waarop je zo'n aula makkelijk vol krijgt. Overvol zelfs. 'Ik teken voor een halflege aula,' zegt collega K.
Het was een vreemde gelegenheid. De titel op het boekje, met voorop een guitig portret van Pierre, was 'Viering van het leven van Pierre L.'. Niet 'Afscheid bij de dood van...' De toon was zo opgeruimd, dat het me verraste dat de kist, waarin zijn lijk, toch maar werd binnengedragen.
Het publiek had een hoog corpsgehalte. Goed verzorgde grijze mannen in lange beige regenjassen. Er werd afstandelijk gesproken. Erg netjes allemaal. Ook zijn vriendin, assertief NRC-VPRO-type, deed weinig meer dan een carrière-opsomming geven. Geen spoor van verscheurdheid.
Een dispuutgenoot hield een soort deugdenlezing, met definities in de trant van 'inspiratie is de adem van de geest... moed is de tot handeling geworden wil die ondanks angst...'
Waarop collega K. mij influisterde: 'Transpiratie is het sap van het lichaam.'
Een sportvriend vertelde over hun marathons en Ventoux-

bestijgingen. Het lag niet aan deze man, maar het klonk belachelijk in het zicht van de klotestreek die het noodlot hem leverde in de vorm van een agressieve kanker. Pierre had allen gemaand om het luchtig te houden en kort.
Aan de muziekkeuze te horen (beschaafde jazz en André Hazes) zijn Beatles, Stones en Hendrix aan hem voorbijgegaan. Hij was erg grappig, vond ik. Ik kwam hem een keer tegen, niet lang voor zijn dood, op een of andere receptie of opening, en ik vroeg hem: 'Ben je niet jaloers op de sukkels om je heen die verder mogen leven, maar daar natuurlijk niks van terechtbrengen?'
'Bij klootzakken zoals jij denk ik dat wel ja.'
Ik vond het zo jammer dat díe Pierre nergens klonk.

Vis Collega F. kreeg twee goudvissen van zijn vriendin: Herman en Hermien. Op een avond komt hij thuis. Herfstblaadje op de grond. Herfstblaadje? Maar het was mei. Blijkt dooie Hermien (of Herman). Sprong achterwaarts, gedver! Hij belt haar: 'Wat moet ik ermee?' Zij: 'Spoel door de wc.' Hij: 'Dat nooit!' Hij besluit haar vanaf het balkon in het water te gooien, maar een sterke windvlaag blaast de dooie vis op het balkon onder hem. Hij staat maanden later met zijn buurman in de lift. 'Je raadt nooit wat wij aantroffen in dat rommelhoekje op ons balkon.'

Vloeken rond de dood De familie R. heeft als grondverwensing: 'Stik, sterf en bekijk 't.'
In Ierland zeggen ze: 'And may you be in heaven before the devil finds out you're gone.'

Vooruitkijken Meneer H. is dement. In april ontdekten zijn zoons dat hij geen begrafenisverzekering had. Toen hebben ze de terbeschikkingstelling van het lichaam aan de wetenschap effe gauw geregeld, want dan hoeft er niks begraven te worden. Hoewel diep dement hebben ze wel een handtekening aan hem weten te ontfutselen. Dat was twee maanden voor zijn dood.
'Perfect geregeld toch?' zei de oudste zoon.

Weduwe Mevrouw J. is de weduwe van een culturele grootheid. Ik zeg het zo vaag mogelijk. Ze is in het verpleeghuis nadat ze een nieuwe heup kreeg. Ze leest de juiste kranten en op haar bed zie ik een paar bekende schrijvers liggen, onder wie Vigoleis Thelen. Ze heeft hem ontmoet! We raken aan de praat en ze leeft helemaal op. 'Verwante geest, eindelijk iemand met wie' enz.
Zuster Mieke staat naast mij, maar dat belet mevrouw niet om te zeggen: 'Het personeel hier is werkelijk opvallend stom.'
Merkwaardig hoe onbeleefd zo'n vrouw kan zijn.
Mieke kijkt haar stralend aan en zegt: 'En omdat wij zo stom zijn, zijn we extra blij met de dokter hier, want die is heel erg intelligent.'
Mevrouw heeft het niet in de gaten gelukkig. Ze vertelt dat ze nog elke dag naar haar gestorven man schrijft. 'Maar ik klaag nooit tegen hem. Mag niet van mezelf. Weiger ik. Ik wijs hem wel op de karakters die hij binnenkort daarginds kan verwachten, dat-ie niet schrikt, begrijpt u?'
Toch is ze mij niet onsympathiek, want ik begrijp wel hoe verloren ze zich voelt in een omgeving waar ze niets voorstelt, omdat niemand hier ooit van haar man of van Albert Vigoleis Thelen heeft gehoord.

Weduwnaar Op de verjaardag bij vrienden tref ik hun vader en schoonvader, 81 en sinds anderhalf jaar weduwnaar. Hij rookt en drinkt veel te veel, zijn hele leven al, en nu helemaal. Met het gehavende uiterlijk van een verkalkte ruïne als gevolg. Achter zijn welwillende glimlach vermoed je iets als walging voor wat hem nog resteert aan leven sinds de dood van zijn vrouw.
Zij hield hem min of meer overeind tussen al die sigaretten, drank en zijn suikerziekte. Als hij tegen twaalven opstaat om door een taxi naar huis gebracht te worden, valt hij bijna om door de drank.
Als hij weg is vraagt iemand: 'Redt-ie het een beetje zonder je moeder?'

Weg Dood is weg, maar weg is niet altijd dood. De mooiste beschrijving van dood als weg komt van Anton Korteweg.

Weggaan

Als een auto die lang in de regen gestaan heeft,
optrekt en wegrijdt, blijft waar hij stond achter
een plek die zich van de rest van de straat
onderscheidt, even nog, tot hij ook nat is
en niet afzonderlijk meer bestaat.
Dat is wat blijft als je weggaat.

Weg? Er is ook een veel minder definitieve vorm van weg zijn: comateus door beschadiging van de hersenen na een trauma, of bijna verdrinken, of een bloeding, of een (tijdelijke) hartstilstand. Een dermate ernstige hersenschade is mogelijk een ramp voor degene die het overkomt (zie verder)

maar het betekent vrijwel zeker langdurige wanhopige ellende voor de omstanders. Er is namelijk geen sluitend antwoord te geven op de vraag: is ze er nog?
Er is een hulpverleningsprogramma voor deze groep onduidelijk afwezigen. Het bestaat uit twee essentiële onderdelen. Ten eerste het bieden van zintuiglijke prikkels aan de comateuze patiënt. En ten tweede de grondige bijscholing van de naasten over de aard van het probleem en wat ze mogen verwachten van de behandeling. Op dit punt moeten we één sprookje rond coma maar meteen uit de lucht schieten: het Doornroosje-scenario. Het is nooit, maar dan ook helemaal nooit, het geval dat iemand na lange tijd in coma te hebben gelegen op een heerlijke dag de ogen weer opent, zich eens goed uitrekt, uit bed stapt en de uitzinnig blije familieleden begroet met de mededeling: 'Daar ben ik weer! Hoe laat is het eigenlijk?'
Over het reactiepatroon van de familie bestaat een akelige grafiek. In het acute stadium, kort na het trauma, is men zo geschokt en ziet men zo duidelijk dat er sprake is van zeer ernstige beschadiging, dat een eventueel overlijden in die fase ervaren zou worden als een te verwachten afloop. Als dat overlijden uitblijft groeit er iets anders. De patiënt opent de ogen, maakt geluiden, maakt soms volgbewegingen met de ogen, schrikt van een luide knal, knijpt terug bij een handdruk, kortom, lijkt te ontwaken. De artsen zeggen: allemaal reflexmatig en volstrekt onbewust. Maar de echtgenoot zegt: 'Mijn Eva begint weer terug te komen' en een overlijden zou juist in dit stadium tijdens het herstel of 'herstel' ervaren worden als extra smartelijk.
U begrijpt de zeer speciale pijn die kan voortkomen uit de tegengestelde belevingswerelden van gezondheidswerkers

en geliefden, waarin de grote vraag naar wat er nog over is van Eva verschillend wordt beantwoord.
Om deze vraag beter te kunnen beantwoorden is de term 'coma' veel te grof, want er vallen nogal wat bewustzijnsgraden te onderscheiden in mensen met zeer ernstige hersenschade. Men spreekt nu van Unresponsive Wakefulness Syndrome, waarbinnen nog twee vormen van Minimally Conscious States worden onderscheiden. We zijn namelijk door de toegenomen finesse waarmee we hersenactiviteit kunnen bepalen een stuk wijzer geworden, en denkelijk ook verdrietiger, over het geestelijke leven van sommige 'coma'-patiënten.
Steven Laureys, leider van de Coma Science Group in Luik, constateerde dat sommige comapatiënten ten onrechte ervaren worden als geestelijk geheel uitgedoofd. Hij legde comapatiënten in een MRI-scanner en vroeg hun te denken aan tennissen, of aan een wandeling door hun huis of hun geboortestad. Het is bekend dat denken aan een bepaald bewegingspatroon neuronale activiteit oproept in bepaalde hersendelen. De schokkende uitkomst van dit experiment was dat sommige comateuzen adequaat reageerden, dat wil zeggen, de juiste hersendelen werden actief. Het was zelfs mogelijk om een ja/neegesprek te voeren aan de hand van eenvoudige vragen over hun leven. 'Tennissen' is 'ja', wandelen is 'nee'. Men stelde vragen als: hebt u een zus? Heet uw vader Arie? Komt u uit Hamersveld? Ik zou daar graag één vraag aan toevoegen: wilt u wel zo leven?
Desgevraagd zei Laureys niet goed te weten wat te doen met een eventueel 'nee' als antwoord op die laatste vraag. Hij vindt de methode die hij gebruikt om tot dergelijke antwoorden te komen niet voldoende betrouwbaar. Er ont-

staan nogal eens artefacten, die je dan als antwoord zou opvatten. Nog ingewikkelder is de vraag wat je moet denken bij geen antwoord of rafelige antwoorden.
Wat moet je je voorstellen bij het innerlijke geestelijke landschap van iemand die liggend in een scanner op verzoek aan tennissen kan denken als ze 'nee' wil zeggen, maar die buiten de scanner niet-responsief wakker is?
De meest tergende vraag rond coma is: moeten we ons wel inspannen om deze mensen uit de zee van (betrekkelijke) bewusteloosheid terug het strand op te trekken met als mogelijk resultaat dat we ze in de branding laten liggen? Want echt terug het land op dat zal nooit lukken. Leidt 'behandeling' van deze mensen er alleen maar toe dat ze beter beseffen hoe beroerd ze er aan toe zijn?

Weinreb Frits Abrahams schreef in *Vrij Nederland* (6 mei 1991) over Renate Rubinsteins *Mijn beter ik* en de reden waarom ze Weinreb na 1976 niet meer verdedigde:

'Carmiggelt wist toen al enkele jaren – dank zij het riod – dat zijn oudere broer Jan in 1943 omgekomen is ten gevolge van celverraad van Weinreb. Geïnteresseerden kunnen de hele gruwelijke zaak terugvinden in deel i van het rapport.
Een Joodse arts die nachtenlange martelingen door sd'ers had doorstaan, noemde argeloos namen en adressen van illegalen en ondergedoken joden tegen Weinreb in een cel van de Scheveningse gevangenis. Weinreb gaf alles door waarna zes mensen – onder wie Jan Carmiggelt, werden opgepakt.'

White, Edmund Deze Amerikaanse schrijver noemde een van zijn boeken *The Burning Library*, een toespeling op het

gezegde dat er een bibliotheek afbrandt als een oud mens sterft.
En over brandende gebouwen gesproken, Robbie Williams werd gevraagd hoe hij de bevalling van zijn vrouw had ervaren: 'It was like watching your favorite pub burn down.'

Winchester Cathedral Op het graf van Bishop William of Waynflete (1447-1486) ligt een effigie van de dode met in zijn vroom gevouwen handen een dikke rode biefstuk: hij houdt zijn hart vast. Had ik nooit eerder gezien. Ja, dacht ik ook aan: 'je houdt je hart vast', maar ik zie geen enkel verband.

Yeats Hij stierf in 1939 in Frankrijk. Zijn resten bleven daar. Toen een oude vriendin er later naar op zoek ging bleek zijn gebeente te zijn beland in een ossuarium, een *fosse commune.* Omdat hij een nogal grote vent was hebben ze daar toen wat langere botten uit gevist en die naar Ierland verscheept. Uit: *The Times Literary Supplement*, 6 augustus 1999.

Zelf doen Ik vraag mevrouw D. hoe ze zich haar dood voorstelt. 'Ik zou mijn flat helemaal uitruimen, de deur in het slot trekken en dan een taxi nemen naar het crematorium. Daar zou ik rustig buiten wachten op de urn om die vervolgens zelf in het graf van mijn man te begraven. En dan zou ik klaar zijn.'
Ze was bijna zo goed als haar woord, want toen ze het drankje ophad bleef ze nog doorgaan met redderen. Ze vroeg haar vriendin om vooral nog even de naam op te schrijven van de familie M. in Arnhem, want die moesten ook een kaart hebben. Haar vriendin had een geurig drijf-

kaarsje in een schaal met water aangestoken en helaas brandde die door en ging sissend uit. Ze kon nog net uitbrengen: 'Vlammetje uit? En ik ben nog niet eens dood!'

Zelfmoord (1) Collega M., man van veertig, pleegde zelfmoord. Hij had twee jonge kinderen. Honderden mensen bij de begrafenis. We stonden buiten de aula op de Nieuwe Ooster onder een warme julizon. In plaats van het plechtige geknirp van de wielen van de lijkwagen als die langzaam over het grind komt aanrollen, zagen we een man komen aanfietsen met een karretje achter zijn fiets en daarop een ongeschaafde vurenhouten kist waar een jongetje op zat te spelen. Zijn zoontje? Zijn zoontje.
Ik vond het eigenlijk erg storend, een spelend kind op de kist op een wagentje achter een fiets. De dood is geen kinderspel. Hein laat nooit met zich sollen. Wie met Hem denkt te kunnen gaan knikkeren wordt als skelet thuisbezorgd. Ik zou tegen de weduwe willen zeggen: de Dood speel je niet weg.
Wat ik niet snap is hoe iemand zelfmoord kan plegen met jonge kinderen in zijn kielzog. Kinderen zorgen toch voor een biologisch gefundeerde zelfmoordinhibitie? Maar dat M. het toch deed zegt alles over de voor ons onpeilbare ellende waarin hij zich bevond.
De begrafenis verliep zo simpel mogelijk en de eenvoud van de fiets werd voortgezet bij het laten zakken van de kist. Dat gebeurde onhandig en schokkend met vier touwen. Er was een hele schare kinderen die op dat moment aan het bellenblazen gezet werden. 'Symbolisch hè?' constateerde mijn buurvrouw.
Symbolisch voor wat? *We are but bubbles on a stream*? Zou ik

bij deze gelegenheid niet benadrukken. Voelt als zout in de wonde.
M. had zijn dood erg goed gepland. Verdween naar een ook voor hem onbekende camping in het zuiden. Schreef daar zijn afscheidsbrieven en nam zijn medicatie in.
Ik hoorde 'depressie, borderliner, chronisch psychiatrisch' etc. Niemand hoefde zich schuldig te voelen. We fietsten allemaal even beroerd terug naar ons werk.

Zelfmoord (2) Kafka over zichzelf in een brief, maar ik weet niet meer aan wie.

'Jij, die niks kan, denk je dat je daarin zou kunnen slagen? Hoe durf je er zelfs maar over te denken? Als jij het zou kunnen, dan had je het zeer beslist niet nodig.'

Zelfmoord (3) Virginia Woolf aan haar man Leonard Woolf, 18 maart 1941.

'Liefste,
Ik voel met zekerheid dat ik weer gek word: ik voel dat we niet nog eens zo'n verschrikkelijke tijd door kunnen komen. En ik zal niet herstellen dit keer. Ik begin stemmen te horen en kan me niet concentreren. Dus ben ik aan het doen wat het beste lijkt. Je hebt mij het grootst mogelijke geluk gegeven. Je bent in alle opzichten alles geweest wat een mens kan zijn. Ik denk niet dat er twee mensen gelukkiger kunnen zijn geweest totdat deze vreselijke ziekte kwam. Ik kan er niet langer tegen vechten, ik weet dat ik je leven verknoei, dat je zonder mij zou kunnen werken. En dat zul je ook doen ik weet het. Je ziet, ik kan dit zelfs niet fatsoenlijk op-

schrijven. Ik kan niet lezen. Wat ik wil zeggen is dat ik al mijn geluk in het leven aan jou te danken heb. Je bent heel geduldig met mij geweest en ongelofelijk goed. Ik wil dat zeggen – iedereen weet het. Als iemand me had kunnen redden dan was jij het geweest. Alles is weg van mij, behalve de zekerheid van het goede in jou. Ik kan niet langer doorgaan jouw leven te verknoeien.
Ik denk niet dat twee mensen gelukkiger kunnen zijn geweest dan wij.
V.'

Op 28 maart ging ze de Ouse in, haar jaszakken gevuld met stenen. Het was de achterblijvers wel duidelijk wat er was gebeurd, maar haar lichaam werd door de stroom meegevoerd om pas drie weken later op 19 april een stuk stroomafwaarts te komen bovendrijven.
Ik denk dat zo'n eenzame zelfdoding in diepe wanhoop, achter ieders rug om, de ergst denkbare dood is. Wij zijn slechts mens in zoverre we samenhangen, verknoopt zijn met andere mensen. En omdat we zo in elkaar vastzitten is zo'n heimelijke zelfmoord alsof je jezelf op de grofst denkbare wijze losscheurt uit de anderen. Het gevolg is een afschuwelijke wond en later een vreselijk litteken.
We hebben voor het eerst in de geschiedenis iets anders ontwikkeld. We durven het nu aan om een geliefde haar leven te laten beëindigen terwijl we erbij zijn.
Virginia Woolf zou het leven op een heel andere manier hebben kunnen verlaten. Ik weet niet of 'elegant' het juiste woord is, maar toch bedoel ik ongeveer zoiets. Rustig op de rand van je bed zitten en een dodelijk drankje drinken, waarna je geliefden je strelend laten gaan is toch iets heel

anders dan met je jaszakken vol stenen een ijskoude rivier in te stappen. Misschien had ze dan ook een andere Leonard achtergelaten.

Zenuwarts Op de dagbehandeling in het verpleeghuis tref ik collega Bekestein Hoogdravend aan. Ik verzin de naam, want die is bij sommigen te bekend. Eigenlijk nooit eerder zo'n helder brein in de mist zien verdwijnen. Tijdens de patiëntenbespreking klinkt het eerbiedig: 'Was hij arts?' Nee hoor, psycholoog, zegt iemand. Dan valt het mee, want dan viel hij van minder grote hoogte?
Hij is in feite zenuwarts in ruste, zeer diepe rust dan, want hij heeft erg veel tijd nodig om ook de eenvoudigste vragen weifelend te beantwoorden.

Ziel Mevrouw B.: 'Ze zeggen dat de ziel na de dood het lichaam verlaat. Je mag 't hopen. Wie zou daar willen blijven?'

Ziel brengen Gelukkig heb ik het maar één keer meegemaakt dat een patiënt van mij zich ombracht. Het was Danny S. Eind veertig, hopeloos verslaafd en lijdend aan wat we toen nog aids noemden, tegenwoordig hiv. Hij wilde niet verder leven, want hij wist dat hij nooit zijn weg terug zou kunnen vinden naar wat een normaal bestaan heet. Al op zijn twintigste was hij van die weg af geraakt. Evenmin wilde hij weg uit het verpleeghuis, want dan zou hij weer het ellendige leven van een dakloze verslaafde in moeten. Hij was al een halfjaar gestopt met zijn aids-remmers in de hoop op die manier zijn leven te kunnen beëindigen. Maar er gebeurde niks. Daarom sprong hij midden in de nacht van de tweede verdieping.

In het ziekenhuis bleek hij een bloeding rond de hersenen te hebben, één beschadigde long, twee gebroken polsen, evenals zijn bovenbenen en zijn bekken, met interne bloedingen als gevolg. Tot overmaat van ramp begon zijn nierfunctie snel terug te lopen.

Op de dag na de sprong ging ik voor overleg naar de Intensive Care, waar hij werd beademd. We zouden praten over de vraag of hij doorbehandeld moest worden of dat hij mocht sterven. Men luisterde: de traumachirurg, de intensivist-nefroloog, de intensivist-neuroloog, de verpleegkundige en de ethicus.

Ik had het gevoel dat ik zijn ziel kwam brengen, want aan dit beschadigde lichaam was geen vraag meer te stellen. En zoals ik zei: men luisterde. Ik schetste zijn leven en zijn wanhoop over hoe het verder moest. Men was bereid om hem niet te behandelen, zelfs om hem onder narcose van de beademing af te halen, waardoor hij zou sterven. Er was één dwingende voorwaarde: ik moest ervan overtuigd zijn dat zijn wanhoopssprong niet voortkwam uit een psychatrische stoornis. Was hij bijvoorbeeld schizofreen, dan zou men de sprong beschouwd hebben als niet echt zo bedoeld, en zou men hem behandeld hebben. Ik bezwoer mijn collega's dat hij psychisch niks mankeerde, want ik was bang dat ze hem terug het leven in zouden duwen. Nu met nog minder aanleiding om daar iets waardevols te vinden.

Om zeven uur die avond werd ik thuis gebeld met de mededeling dat hij was gestorven. Ik moest er erg om huilen.

'Mietje!' riep mijn dochter plagerig.

Ik vond het zo jammer van Danny.

Zin? Wat is de zin van het leven? Bij wijze van oefening, schrijf eens op wat de zin van het leven van een paard kan zijn. Schrijf dan op waarin het paardenleven verschilt van een mensenleven. En is het dat verschil dat de vraag naar de zin van zo'n leven irrelevant maakt?
Ik denk dat het verschil ligt in het bewuste sterven, de beleefde eindigheid, en dat het paard, wellicht omdat het zichzelf nooit ziet uitdoven, niet gepest wordt met de is-dit-alles?-vraag. Maar dat wij wel met die vraag zitten, betekent nog niet dat dit dus níet alles is.

Zombies Zou het mogelijk zijn om een robot te maken die je niet kunt onderscheiden van een mens? Een zombie? Filosofen strijden hier al vele tientallen jaren over en dan gaat het om de vraag: kan zo'n gefabriceerde zombie blijken geen zombie te zijn maar een voelend mens? Ik zou zeggen: dat ligt eraan hoe ver je wilt gaan bij de constructie. Als het ding echt in alle opzichten niet te onderscheiden mag zijn van een mens, dan wordt het gauw ondoenlijk. Want dan zou je bij opening onder narcose niet stuiten op accu's en chips en bedrading, maar op organen, spieren en botten. En bij geestelijke opening? Is hij qua gesproken taal zo te programmeren dat hij een ziel lijkt te hebben met het algemene binnenwerk dat je in alle menselijke interieurs aantreft: ouders, zwemles, ambitie, doodsangst, geilheid, muzieksmaak etc.? Het lijkt mij geen doen. Maar stel dat dat allemaal wel lukt? Zeggen we dan van zo'n gefabriceerde zombie dat hij iets voelt, beleeft, proeft?
Misschien is dit een overtuigend antwoord: u hebt een thermostaat die ervoor zorgt dat de hr-ketel aanslaat bij 19 graden en afslaat bij 21 graden. Je kunt daar moeiteloos een

geluidsbandje bij laten meespelen dat bij 19 graden aanklikt en deze tekst uitzendt: 'Ik vind het hier koud.' En bij 21 graden idem met als tekst: 'Lekker warm is het hier.' Voelt de thermostaat zich eerst koud en later warm? Nee, dat ding voelt niks. Dat bandje heb ik zo ingesteld op grond van die temperaturen. Ergo: zombies maken nooit iets mee. Ze beleven niks.

Je kunt een zombie wel zo programmeren dat hij bij een kietelend bedoelde aanraking op die plek gaat krabben. Net als een mens. Net als een mens? Je zult dan ook moeten programmeren wanneer hij moet ophouden met krabben. Een mens houdt namelijk op als de jeuk weg is. Maar wanneer laat je een zombie ophouden met krabben, of 'krabben'? Want hij heeft helemaal geen jeuk.

In *The New York Review of Books* schreef John Searle dat de schaakcomputer Deep Blue Garry Kasparov nooit versloeg, maar dat Kasparov wel van de computer verloor. Deep Blue schaakt niet in de zin waarin een zombie niet krabt. Dat zag je ook na afloop van de match: *'Kasparov in despair immediately seized a bottle of vodka, while Deep Blue, as programmed, started adding to the known number of decimals in Pi.'* Ik citeer uit een verzonnen verslag. Wat kan een zombie nou beleven aan een schaakmatch of extra decimalen van pi? Wat kan een zombie beleven? Niks.

Maar wacht even.

Nu slenteren we ongemerkt een gebied binnen dat we ergens in de negentiende eeuw hadden verlaten. Uit mijn scheikundeles weet ik nog wat het maken van ureum betekende. In 1828 werd het als eerste organische verbinding kunstmatig gesynthetiseerd door Friedrich Wöhler. Hierdoor werd de theorie dat organische substanties alleen

maar door levende wezens gevormd kunnen worden (de zogenaamde *vis vitalis* of levenskracht) weerlegd.
En kan de synthese van ureum niet de eerste stap zijn op weg naar het in elkaar zetten van een menselijk lichaam? Het lijkt mij niet. Maar zeg ik dat omdat het me technisch te ingewikkeld lijkt? Of wil ik dat niet omdat ik niet wil dat geestelijk leven uiteindelijk gewoon in elkaar gezet kan worden als een kippenhok?
Ik weet het niet.

Zorg Nicky Mariano zorgde in Villa I Tatti voor kunsthistoricus Bernard Berenson in zijn laatste jaren. Ze was erg toegewijd. Hoe toegewijd dan? Elke morgen verwarmde zij zijn polshorloge voordat hij het omdeed.

Zorgen rond het graf Mensen maken zich graag zorgen. Over hun haar, of de sociaaldemocratie of de dood, maar meestal over de verkeerde dingen, en dat is nog het allerergste, zonder enig resultaat. Zo komt uw kind niet eerder thuis doordat u zich ligt op te vreten van de zenuwen over waar ze uithangt. En al uw innerlijk knagen zal er niet toe leiden dat de Russen zichzelf hervinden in een hechte sociaaldemocratie.
Zo heb ik me jaren zorgen gemaakt over de gretigheid waarmee Frank Zappa altijd zijn sigaretten inhaleerde. Vergeefs natuurlijk, want hij stierf aan prostaatkanker. Hou dus op met roken dames, want u hebt helemaal geen prostaat en loopt dus een dubbel risico. Maar dit zijn nog zorgen over reëel bestaande dingen. Laatst hoorde ik over bezorgdheid in een regio waarvan ik niet wist dat hij bereikbaar was voor deze menselijke emotie.

Onze buurman zijn opa stierf. Opa Henk in dit verhaal. Bleef oma Alie over. Die woonde schuin tegenover opa Bob en oma Diny. Daar stierf oma Diny. Over de doden niets dan goeds, dus zeggen we: goed.
Nou krijgen oma Alie en opa Bob kennis aan elkaar, verkering. Ze verlieven, ze verloven en verleppen nauwelijks verder, maar bloeien juist op en gaan samenwonen. De kinderen nemen het eerst niet, wennen er dan aan en vinden het na een jaar eigenlijk een zegen, al moeten ze elkaar niet echt: die van oma Alie hebben het nogal hoog in de bol en die van opa Bob zijn wat eenvoudiger van geest. Nu is opa Bob dood en moet hij ter ruste gelegd worden. Maar waar? Bij oma Diny? Nee, want daar had hij niks meer mee. 'Maar wij wel!' roepen die kinderen nijdig. Oma Alie zegt: 'Als jullie maar weten dat ik straks niet bij Henk wil.' En snikkend vervolgde ze dat Bob zeker niet terug wilde naar Diny. 'En ik ga hem daar niet bij leggen, dat verdom ik!'
Bob bij Henk erin stoppen was in de ogen van Henks kinderen natuurlijk onmogelijk. Henk zou een doodsschrik krijgen en bovendien zou Diny dan een eeuwigheid vergeefs wachten voor de boeg hebben. Diny bij Henk? Dat vonden ze allemaal onsmakelijk. En trouwens: wie zou opgegraven moeten worden: Henk of Diny? Wie zou er voor dat graf zorgen? Henk of Diny's kinderen? Een nieuw graf kopen voor Alie en Bob was ook mogelijk, maar dat vond Alie weer zonde van het geld, zeker met de gedachte aan die twee lege plaatsen waar wel voor betaald was.
Men kwam na lang steggelen tot de saaist denkbare oplossing, in leven en in dood: iedereen terug naar zijn eigen echtgenoot. Dus Bob nu naar zijn Diny van toen en Alie straks terug in de armen van Henk.

De zorgen waren hiermee echter niet van de baan, want nu ontstond er onenigheid over het dalen van de kist. Alie kon er niet tegen om Bob in de kist langzaam neergelaten te zien worden en wilde dat men wegliep terwijl de kist nog bovengronds stond, of toefde liever, want zo'n ding hangt dan in touwen natuurlijk. Bobs kinderen vonden dat dalen nu juist een even aangrijpend als duidelijk symbolisch moment dat ze zich niet wilden laten ontnemen.
Buurman verpestte de zaak definitief voor zijn kant door de suggestie: 'Wat vinden jullie ervan als we de kist aan het eind langzaam omhoog laten gaan? Dat heeft ook weer een heel eigen symboliek, toch?'
Het eindresultaat was dus: Bob daalt op Diny, nagestaard door hun kroost, en Alie en haar kinderen lopen daarvóór weg.
'Als je eens een keer geen zorgen hebt,' zei buurman, 'bel me dan, want ik heb de koffie en cake nog niet beschreven.'

Tekstverantwoording De bron van de vele citaten heb ik zo veel mogelijk aangegeven. Sommige tekstdelen verschenen eerder als column of essay in *Trouw*, *Filosofie Magazine*, *Medisch Contact* of *The Threepenny Review*. Engelse fragmenten heb ik zelf vertaald.

Omslag Ets van Louis Schiavonetti naar een Illustratie van William Blake bij 'The Grave', een gedicht van Robert Blair dat in 1808 uitkwam.
De bijbehorende tekst luidt:

'When the dread trumpet sounds, the slumb'ring dust,
Not unattentive to the call, awakes'
'Wanneer de gevreesde trompet weerklinkt, dan zal het sluimerend stof,
De oproep vaag verwachtend, ontwaken